AF463100

PAUL BRANDAT

LA RÉPUBLIQUE RURALE

PARIS
HENRY BELLAIRE, ÉDITEUR
71, RUE DES SAINTS-PÈRES, 71

1872

LA

RÉPUBLIQUE RURALE

TYPOGRAPHIE DE ROUGE, DUNON ET FRESNÉ

43, rue du Four-Saint-Germain, 43.

PAUL BRANDAT

LA RÉPUBLIQUE RURALE

PARIS
HENRY BELLAIRE, EDITEUR
71, RUE DES SAINTS-PÈRES, 71

1872

LA

REPUBLIQUE RURALE

I

La République.

Sous l'ardent soleil des tropiques, l'agriculteur redoute comme un fléau la *fourmi-manioc;* une fourmilière, en une nuit, dépouille un arbre de son feuillage. Par l'eau bouillante et le feu, on extermine en vain par milliers ces innombrables insectes; leur rapidité de reproduction lasse tous les efforts. Pour détruire cette engeance, il faut découvrir et tuer l'horrible *reine* douée d'une si épouvantable fécondité. La reine morte, la fourmilière disparaît. La royauté engendre, elle aussi, une lignée non moins nombreuse, non moins vorace. Vous écrasez en vain cette progéniture maudite de parasitismes, d'injustices, d'abus ; elle pullule, et sort plus envahissante des inépuisables flancs de cette mère impure.

Il faut couper le mal à sa racine; quant au bien, il est l'œuvre, hélas ! du temps, de grands efforts, d'énergiques vertus. Les peuples, ces personnes immortelles, ne comptent point avec le temps; ils se rient de notre impatience, étant sûrs de leur lendemain ; le lendemain pour nous, c'est la tombe. Le gland est l'embryon du chêne, mais nul n'a trouvé le secret de faire un chêne d'un gland, en un clin d'œil. Le développement est la loi de toute créature; l'ÊTRE EXISTANT PAR LUI-MÊME échappe seul à cette nécessité ; il est toujours *identique à lui-même*, voilà pourquoi nous ne pouvons le comprendre. En politique, chacun de nous a son idéal ; mais on est un utopiste quand on a la prétention de le réaliser sur l'heure. Donc : concessions, conciliation, ajournement des améliorations secondaires, jusqu'à parfait accomplissement de la grande œuvre du jour : l'extirpation de la royauté.

Pourquoi les gens d'ordre redouteraient-ils la République? N'auront-ils pas toujours avec eux la majorité de la nation? Ne sont-ils pas certains, sous ce régime, de jouir d'une prépondérance légitime? Nous avons à opter entre le vieil absolutisme monarchique ou la liberté républicaine; quant à la monarchie soi-disant constitutionnelle, elle ne représente que des convoitises et n'a pour partisans que des intrigants et des eunuques.

— « Mais, dira-t-on, il y a des monarchistes libéraux; au contraire, les républicains sont en général déplorablement autoritaires. » — C'est possible. Calvin a brûlé Servet; Luther, l'apôtre de la liberté de conscience, en jetant son froc aux orties, ne s'était point dépouillé de son fanatisme monacal. La tolérance religieuse s'est fondée sous le patronage d'hommes intolérants. La folie des adeptes ne doit point rejaillir sur leur cause. S'il y a des républicains ineptes, la République n'en est pas moins la forme politique de la justice et de la liberté. Mais n'en exigez pas des miracles dès la première heure; ne lui demandez pas de payer en un instant la rançon des crimes de vingt années d'empire, de relever en un jour des âmes flétries par la corruption systématique des vingt années du règne des d'Orléans.

La monarchie peut donner la liberté sans l'égalité, comme en Angleterre.

Le césarisme peut donner, comme en France, sans liberté, une égalité mensongère.

Seule la République, comme en Suisse et aux États-Unis, peut donner à la fois l'égalité et la liberté.

La monarchie anglaise se maintient par l'influence d'une aristocratie puissante, qui, interposée entre la royauté et un peuple très-libre, prévient les chocs en faisant office de coussin. L'Angleterre regarde son aristocratie éclairée comme l'indispensable soutien de la royauté. Ce régime donne un grand ressort à la *Dignité humaine*, premier objectif du politique. Cette dignité naît de la liberté, d'une part; de l'autre, de l'exemple d'une classe obligée d'offrir à la nation, sous peine de déchoir, le modèle de l'indépendance du caractère et des mâles vertus.

Le césarisme, démagogie couronnée, satisfait les âmes vulgaires par une sorte d'égalité sous forme d'abjection commune. Aussi ce régime est-il très-populaire. La canaille romaine adorait Néron; ne rasait-il pas toute tête élevée au-dessus de l'universelle bassesse? Sous le césarisme, on parvient aux honneurs par des moyens infâmes; la conséquence inévitable est l'affaissement des âmes, la dégradation des cœurs.

La monarchie de Juillet, système bâtard entre l'aristocratie anglaise et la démagogie napoléonienne, n'a pu se maintenir vingt ans avec sa piètre oligarchie de censitaires; elle eût croulé bien plus tôt sous le poids du suffrage universel.

La République, couronnement lumineux du suffrage universel, peut seule allier la liberté à l'égalité.

Le pays, corrompu par la monarchie de Louis-Philippe, avachi par l'empire, semble désormais incapable de tout noble effort. Un peuple d'ouvriers infatués, incapables de comprendre que la liberté se fonde par de grandes vertus, — un peuple campagnard pratiquant les vertus de la famille, dépourvu de tout patriotisme, — une bourgeoisie timide, égoïste, des crapauds du marais, — une noblesse chevaleresque, entêtée, inintelligente du temps et des hommes, — un clergé honnête, de bonnes mœurs, prêt à sacrifier la France au pouvoir temporel du pape, — un journalisme sans conscience et sans pudeur, — une capitale vicieuse et folle, — une province idiote : tel est notre bilan.

Le socialisme capte l'ouvrier par de menteuses promesses ; le royalisme aveugle le campagnard en effrayant son avarice. L'ouvrier se croit un grand citoyen quand il a vociféré dans un club ; le paysan hausse les épaules aux mots de patrie et de liberté. Deux puissances formidablement organisées, le socialisme et le cléricalisme, au nom d'un principe supérieur à la patrie, — la papauté pour l'un, l'universelle solidarité pour l'autre, — se disputent comme une proie les sanglants débris de la France.

La France est républicaine jusqu'à la moelle des os ; son malheur est de n'en rien croire. Jamais peuple n'eut pour l'égalité un culte aussi ardent ; il en cherche avec passion la forme politique idéale, et cependant il la repousse avec effroi par une erreur soigneusement entretenue par les partis extrêmes. Les exaltés des deux camps identifient la République avec le jacobinisme. Or, le fait est certain : la France abhorre le jacobinisme. Tous les vingt ans croule une monarchie contraire à nos mœurs, à nos aspirations, à nos principes ; les jacobins saisissent le pouvoir, et la France épouvantée se réfugie de nouveau dans la monarchie.

Le jacobinisme et le césarisme, si opposés en apparence, reposent sur une même négation de la liberté : le premier veut le despotisme de la rue ; le second, le despotisme d'un chef prétorien. Tous deux professent pour la centralisation le même fanatisme ; à leurs yeux, la province est taillable et corvéable, sans merci ni miséricorde, soit au profit de César et de la cour, soit au profit des meneurs de clubs et de leurs bandes. Ils s'appuient également sur la capitale, et n'ont d'autre souci que de contenter une plèbe remuante au détriment du pays. L'un invente les jetons de présence dans les clubs, les ateliers nationaux, la garde nationale soldée ; l'autre entretient des nuées de parasites et de mouchards, construit des opéras, bouleverse la cité, soutient tous les arts futiles, toutes les industries de corruption ou de luxe, aux frais et dépens des travaux mâles et vivaces.

Pour asservir le pays, jacobins et césariens ne reculent devant aucune violence, aucune corruption, aucune hypocrisie. Les jacobins achètent la canaille; César achète les soldats et les généraux.

Napoléon Ier disait : « Avec mes préfets, mes prêtres et mes gendarmes, je ferai de la France ce que je voudrai. » Les meneurs de Belleville disent : « Avec nos proconsuls, nos clubs et la guillotine, nous ferons de la France ce que nous voudrons. »

Césarisme et jacobinisme ont même but : absorption de l'individu par l'État. L'un et l'autre interdisent aux localités de vivre par elles-mêmes. Les citoyens cessent d'appartenir à la catégorie des êtres pensants et passent à l'état de rouage infime dans la machine mue par un dictateur, — Robespierre ou Napoléon, — appuyé sur les piques des clubs ou les baïonnettes des prétoriens. Madame de Staël appelait Napoléon Ier *Robespierre à cheval ;* il n'y a pas loin de Marat à Caligula.

De dictature en dictature, de sauveur en sauveur, nous sommes tombés dans l'abjection présente; d'ailleurs, nous nous y complaisons, et ne voulons rien faire pour en sortir.

Un officier d'infanterie de marine avait fait prisonnier, le matin, à Bazeilles, un officier prussien, dont il était lui-même prisonnier le soir. L'Allemand dit au Français : « Nous vous savions pourris, mais pas tant que cela. »

Pendant quarante ans, le mot *patrie* fut rayé du vocabulaire des Français. En revanche, *la pro-*

priété, assaisonnée de *la religion*, revenait à chaque phrase de nos gouvernants, comme le refrain d'une litanie monotone. Les plus simples riaient en entendant l'apologie de la religion sortir de telles bouches. Chacun n'eut plus qu'une pensée, un amour, un Dieu, « sa propriété ». Le mot propriété, devenu trois fois saint, se prononça avec componction.

L'idée de *devoir* se lie trop étroitement à l'idée de *droit*, l'idée de *droit* à l'idée de *liberté*. Pour chasser des esprits le sentiment de la liberté, on chassa des cœurs la notion du devoir.

Aussi, quand l'invasion fondit sur nous, tous avaient oublié qu'on a de grands devoirs à remplir envers la patrie. Devoir ! Patrie ! ces mots, magiques pour nos pères, résonnèrent comme un vain écho chez un peuple de sourds.

Qu'entendait-on par devoir, sous l'empire ?

Le mot devoir éveillait l'idée d'un compte de caisse : le *devoir* aux contribuables, l'*avoir* aux gens de cour. L'unique devoir des Français fut de remplir ce tonneau des Danaïdes, où Bonaparte et ses acolytes puisaient à discrétion, voire même jusqu'à l'indiscrétion.

Sous la royauté, le devoir se transforme en honneur, surtout en honneur militaire. L'honneur militaire, sentiment factice, sans racines vraies dans le cœur humain, entraîne le soldat à des actions brillantes; il ne le soutient pas dans une lutte longue, pénible, obscure, moins encore dans la défaite. L'honneur militaire se concilie fort bien avec les plus monstrueux écarts de la conscience vulgaire; les égorgeurs de Bonaparte, au 2 décembre, ne croyaient pas forfaire à l'honneur. Le maréchal Bazaine est sans doute un homme d'honneur. C'est au nom du devoir que Collingwood obtint de ses marins ces croisières incessantes qui ruinèrent les projets de Napoléon; il resta dix-sept années sur mer, privé du sourire de ses enfants : DUTY!! au nom du devoir, Washington maintint ses incohérentes levées devant les merveilleuses troupes de l'Angleterre; c'est le mot de Nelson à Trafalgar. La nation qui porte ce talisman dans son cœur peut être vaincue; humiliée, jamais.

Sans doute, cela vous fait sourire, soi-disant conservateurs, car rien ne saurait vous ouvrir les yeux. Nous avons cependant quelque peu le droit de siffler votre sottise, à vous qui, par amour de l'ordre, avez livré la France à un conspirateur de profession! Pouvons-nous prendre au sérieux ce clergé, ces évêques, — tout prêts à risquer les restes du pays dans une tentative insensée de la restauration du Saint-Père, — quand, en haine de la République, nous les avons vus commettre cette étrange bévue de hisser sur le trône le *carbonaro* Bonaparte, celui-là même qui voulut jadis renverser le pape et se tailler à ses dépens un joli royaume d'Italie?

Le socialisme vous faisait trembler! Votre élu

est l'homme qui, sous Louis-Philippe, faisait profession du socialisme du plus mauvais aloi, l'homme surpris par le gouvernement provisoire derrière les émeutes du drapeau rouge. Vous l'avez nommé, fraîchement souillé du crime de Juin, car sa main trempa dans ce meurtre de la patrie. Vous aviez à choisir entre Cavaignac, l'honnête homme, et Bonaparte...... Vous avez repoussé l'honnête homme !

Au 1er décembre, Bonaparte passait pour un sournois, méchant et bête ; le 2 décembre, il fait assassiner les passants par ses soldats ivres..... Le voilà passé grand homme, sauveur, Messie. Les magistrats s'inclinent et les prêtres encensent. Vous battez des mains quand le traître fusille les défenseurs de la loi ; vous applaudissez aux morts lentes de Cayenne, aux exils, si nombreux, que la petite île de Jersey recevait six mille réfugiés en quelques jours. Sept millions de voix crient au parjure, — il n'avait donné, il est vrai, qu'une parole de prince : — « Disposez de nos biens ! Envoyez nos fils mourir au Mexique ! Jetez nos écus aux Morny, aux Saint-Arnaud.... à toute la pléiade de coquins qui gravitent dignement autour de vous ! Mais délivrez-nous de la République ! »

Il vous en a délivrées, bonnes gens.

Alors, par reconnaissance, vous avez dressé une statue de marbre à Joséphine l'impudique, une statue de bronze à Morny le fripon, comme pour apprendre aux femmes que la prostitution mène au trône, aux hommes que le vol mène au pouvoir.

Pendant vingt ans vous avez crié au sacrilége toutes les fois qu'une main honnête tentait de lever le voile dont se couvrait la lèpre impériale. Maintenant vous soupirez en tournant vers l'horizon un regard mélancolique pour y surprendre le retour de l'astre éclipsé d'Orléans. Mais ne vous illusionnez pas, la République est impérissable comme le remords au cœur du criminel; au bout de vos manœuvres, vous trouverez la guerre civile pour le présent, la révolution pour l'avenir.

Qu'avez-vous donc gagné à préférer un prince d'industrie à un honorable républicain?... Nous sommes encore au lendemain du 24 février 48; mais avec une France saignante, épuisée, avilie. Vous vous consolez en calomniant la République, au lieu de vous en prendre à votre aveuglement.

On pardonne aux partis la violence et l'injustice, jamais l'inconséquence. La République basée en principe sur le consentement général ne peut, elle, sans inconséquence recourir à l'arbitraire. L'emploi de la force tue la démocratie.

Quand la royauté, l'aristocratie, le césarisme guillotinent, fusillent et proscrivent, nul n'en est scandalisé; ils agissent selon leur nature.

Voilà pourquoi l'établissement de la République

est difficile : elle se suicide en frappant ses ennemis. Contre ses adversaires, elle a pour toute arme le bouclier du droit. La démagogie sanguinaire passe comme un orage; César consolide son pouvoir par les supplices. Ayons foi dans la vérité éternelle : que la République tombe s'il lui faut la terreur pour se maintenir !... Elle se relèvera un jour plus puissante, plus irrésistible ; les partis passent ; l'humanité marche... et ce n'est point vers la royauté.

Il y a dix-huit siècles, un appel mémorable fut fait au suffrage universel. Ponce-Pilate demanda dans son plébiscite : « Lequel voulez-vous que je vous délivre : ou Jésus le roi des Juifs, ou Barrabas? » Le suffrage universel du temps répondit : « Barrabas ! ! » Le grand parti de l'ordre, les honnêtes gens, les cléricaux de Jérusalem en décidèrent ainsi.

A l'Homme-Dieu le suffrage universel préféra un voleur de grand'route. Quand on songe à ce choix populaire, on ne s'étonne plus de l'élection de Bonaparte.

C'est faire exactement la même question de demander si la République est au-dessus du suffrage universel, ou si le théorème du carré de l'hypoténuse est au-dessus du suffrage universel. Le suffrage universel est faillible; tout individu a non-seulement le droit, mais le devoir impérieux de protester *moralement* contre ses décisions. L'intelligence, la raison, la conscience ne sauraient s'incliner devant un pouvoir humain. Mais chacun de nous n'est pas moins faillible que la nation même. Nos droits et nos devoirs sont, par ce double fait, nettement tracés : protestation pacifique, propagande loyale, interdiction formelle de tout recours à la force.

Le paysan veut la tranquillité, il a cent fois raison. Les villes veulent la République, elles ont non moins raison. Ceux qui ont tort, ce sont ces monarchiens entêtés de l'Assemblée qui ne veulent point comprendre que leurs commettants les ont nommés pour représenter cette grande et belle chose l'*ordre*, et non pour satisfaire leurs ambitions personnelles ni les convoitises des princes.

— « Tout cela peut être vrai, disent les monarchiens, mais le régime républicain n'est pas compatible avec l'ordre. »

— « Avec l'ordre... de Sedan ! »

— « Sous la République, il y a des émeutes ! »

— « Il y en a probablement aussi sous les rois, car on les voit tomber tour à tour comme des capucins de cartes. »

Sous Louis-Philippe, n'avons-nous pas eu le sac de l'archevêché, le massacre de la rue Transnonain, l'insurrection de Lyon, la résurrection de la chouannerie?... Sans compter les échauffourées de Strasbourg et de Boulogne, où Louis Bonaparte assassina un officier, de sa propre main... La monarchie n'est donc pas l'ordre toujours.

— « La monarchie, disent les habiles, donne la paix, la prospérité ; les ruines, les renversements de fortunes accompagnent infailliblement la République. » — C'est tout simple, la République a toujours eu cette chance d'avoir à solder le compte des bévues de la monarchie.

L'ablation de cette gangrène, la royauté, ne peut se pratiquer sans douleur. Quand notre propre folie et les sottises du pouvoir nous ont poussés vers la République, les gens sages sont-ils bien ceux qui prétendent tout réparer en rétablissant les institutions auxquelles nous devons notre décadence ?

— « Sans la République, nous n'eussions pas eu l'insurrection de Mars ! » — « Peut-être. Mais devons-nous à la monarchie d'avoir vu le drapeau prussien flotter sur les remparts de la capitale ? L'insurrection de Paris n'est-ce pas une véritable bagatelle auprès de l'invasion ?... dont elle est d'ailleurs la conséquence. »

Ne devons-nous pas à la monarchie cette guerre si justement nommée par le *Times* le *grand crime du dix-neuvième siècle*, pour couvrir le déficit ; pour dissimuler les dilapidations et les concussions de la cour ; pour supprimer les prétendues libertés octroyées par la farce du plébiscite ; pour rétablir le despotisme sans limite et sans contrôle, et le droit de piller le trésor public.

Le principe monarchique et absolutiste, la direction de la société par une force extérieure nécessite une foule de chiens, auxiliaires du berger chargé de paître le troupeau. Les républicains qui veulent supprimer la royauté sans balayer les étables du fonctionnarisme n'ont point l'intelligence de la révolution. Le fonctionnarisme et la vraie souveraineté du peuple sont en contradiction absolue ; au nom de cette souveraineté, on n'en a pas moins replâtré la vieille machine centralisatrice au lieu de la jeter au rebut. La royauté, représentant naturel des fonctionnaires, — « des improductifs, » dirait A. Smith, — a tout intérêt à en multiplier indéfiniment le nombre et à les rétribuer largement : d'une part, elle se constitue une armée dévouée ; de l'autre, elle s'environne d'un immense prestige en agissant aux lieu et place de la communauté convaincue d'impéritie, sauf à faire mal et chèrement ce que nous devrions faire nous-mêmes.

Le fonctionnarisme nous tue. 1° Il empêche tout développement de l'initiative individuelle. La société ne vit plus par elle-même, et le peuple, habitué à être guidé en tout, devient incapable de tout. 2° Les fonctions publiques absorbent l'élite de la nation ; le travail productif est dédaigné. 3° L'instruction prend une fausse direction, car elle ne saurait être la même pour les fonctions publiques et pour les fonctions privées.

La royauté a pour suivante la guerre. Chaque

prince, considérant son royaume comme un paysan sa chaumière, désire arrondir de quelques arpents le bien héréditaire, sauf à les payer de têtes d'un bétail sans valeur. La fureur des conquêtes disparaîtrait comme un mauvais rêve avec les monarchies. Les nations veulent la liberté et la richesse; chaque jour elles apprennent, à leurs dépens, que les idées de prédominance, prépondérance, prépotence, domination, intervention... et tout le vocabulaire diplomatique ne sont qu'un tas de vieux préjugés exploités par les intrigants et les parasites.

Les colonies épuisent les nations en hommes et en argent; elles nécessitent le système protecteur, si funeste aux industries aborigènes et naturelles de la mère-patrie. Le peuple les conquiert de son sang, les entretient de son travail, pour fournir des places à l'aristocratie fonctionnaire. Comme dernier résultat, elles nécessitent une armée spéciale et une marine de guerre, nouvelle source d'émoluments et de gaspillages.

Royauté, — aristocratie, — fonctionnarisme, — protection, — guerres, — armées prétoriennes, — union simoniaque de l'Église et de l'État, — monopoles, — spoliation du travail, sous mille formes, au bénéfice des intrigants et des parasites, — enfin l'utopie; — telle est la lépreuse génération du principe d'autorité.

Toute utopie, comme toute tyrannie, émane de la prétendue nécessité d'une impulsion sociale extérieure; l'utopiste et le tyran appartiennent, au même titre, à la famille des pétrisseurs d'hommes; pour l'un et l'autre, l'humanité est matière uniquement propre à leurs sublimes expériences. Quand un peuple admet la nécessité d'une direction externe, il tombe dans la théorie des *sauveurs*. Dès lors foisonnent les Babœuf, les Pyat, les Napoléon. Quand une nation en arrive à ce degré d'abaissement, de ne pouvoir se sauver sans un homme, elle trouve cet homme quelquefois, mais pour cesser d'être une nation.

« Nous avons besoin d'hommes libres et non de libérateurs », dit, avec profondeur, un écrivain russe, Herzen.

Tout utopiste se dispose à devenir tyran. Tout tyran devient fatalement utopiste : il a le pouvoir et une société dans la main ; c'est pour en faire quelque chose.

En Crète, la constitution reposait sur le droit d'insurrection; si, chez nous, ce droit est contesté en principe, il règne de fait. Du 14 juillet au 18 brumaire, l'émeute gouverne en souveraine; au 18 brumaire, nous recevons le gouvernement de l'armée; en 1814, de l'étranger ; en 1815, de l'armée, puis de l'étranger; en 1830, de l'insurrection; en 1848, de l'insurrection ; en 1851, de l'armée; en 1870, de l'insurrection. Depuis 89, notre développement s'opère par crises douloureuses, funeste conséquence du conflit perpétuel entre nos préjugés monarchiques et nos tendances républicaines. La royauté, forme surannée de la conquête et du règne de la force, doit faire place à la République, seule forme logique de la liberté complète. Les soi disant conservateurs, qui rêvent une restauration monarchique, sont des anarchistes au premier chef. Qu'ils y songent, la République resterait éternellement suspendue sur nos têtes comme une épée de Damoclès ; et leur prétendu ordre ne serait qu'une trêve à la guerre civile. Nous tendons fatalement vers un but qui n'est certainement pas la royauté ; le choix seul de la voie dépend de notre libre arbitre. La République domine toutes nos lois écrites, constitutions, suffrage universel, de toute la hauteur d'un principe providentiel. Notre aveuglement, notre entêtement à repousser l'évidence, voilà la véritable cause du désordre de la société française.

II

Les Partis.

Le 8 février 1871, après avoir jeté dans l'urne mon vote républicain, je cherchai dans la fatigue physique le repos moral, et me mis en campagne.

Au moment où je quittai la mairie, des mobilisés du camp de Conlie, alignés comme pour l'exercice, recevaient des bulletins de leur aumônier et des prêtres de la paroisse : « N'allez pas voter pour la République, disaient ces agents électoraux, ou vous ne reverrez jamais vos foyers ; c'est bien assez d'avoir quitté vos familles, sans aller vous faire tuer pour le bon plaisir de Gambetta. »

Si les Lacédémoniens avaient été conduits au combat par de pareils Tyrtées, ils auraient tourné les talons...... comme lesdits mobilisés.

Non loin des mobilisés d'Ille-et-Vilaine, un hippopotame présidait un groupe de dindons gras : « Les élections sont bonnes, disait-il, nous aurons bientôt un roi, un gouvernement enfin, et nous pourrons nous débarrasser de Gambetta et consorts. Il n'est pas trop tôt de fusiller toute cette canaille ou de l'envoyer crever à Cayenne. »

Les dindons gloussèrent un applaudissement.

Ce genre de Béotiens s'appelle indifféremment: *honnêtes gens, modérés, le grand parti de l'ordre.*

Combien Quinet a raison de se plaindre du peu de place accordé, dans l'histoire, à la bêtise humaine !

Venais-je d'entendre de méchantes gens? — Non. C'étaient tout simplement des imbéciles. Or, en politique, de l'imbécillité à la férocité il n'y a qu'un pas.

Je cheminais, en réfléchissant à cette scène, quand je fis rencontre d'un paysan aviné allant à la ville : « Moi, cria-t-il, je vote pour Napoléon, notre sauveur ! » Ce cri trouva un écho sympathique dans le cœur de marchands de cochons : « Vous avez bien raison, père Soiffard, dit l'un d'eux, depuis le départ de l'empereur et des siens on ne nous commande plus de porcs pour l'Angleterre. »

Une voiture, traînée au grand trot par un lourd cheval, secouait deux paysannes rougeaudes et deux gars bien plantés; le plus jeune fouettant sa bête : « Je me fiche bien de l'Alsace....., ce qu'il nous faut, c'est la tranquillité ; si la France est aussi ruinée qu'on le dit, nous vendrons cette année crânement nos récoltes.... Et, vive l'empereur ! » Serfs d'hier, si vos pères avaient eu votre cœur de fumier, vous sentiriez encore sur votre échine le bâton de vos seigneurs..... Savez-vous bien que vous faites douter, à cette heure, de l'œuvre de 89.

La tranquillité! la tranquillité du jour! A quel prix?.... peu importe! N'est-ce pas la dégradante inertie d'un équipage s'adonnant à l'ivresse, au moment où l'énergie et l'activité pourraient le sauver?

J'admire l'incurie de ces pères de famille ; ils passent leur vie à entasser sou sur sou, et croient avoir rempli leur devoir ici-bas, s'ils lèguent à leurs fils une somme ronde avec la guerre civile et la guerre étrangère. Bah! ils auront été tranquilles, augmentant le bien héréditaire de vingt têtes de bétail, sans compter leurs enfants; leurs vœux n'ont jamais été plus loin.

Par peur du drapeau rouge, les conservateurs ont jeté la France dans la gueule de la Prusse, une terrible partageuse cependant, une pétroleuse émérite.

Revenir à la royauté, c'est rendre irrésistible le parti rouge. La République l'a vaincu aux journées de Juin 48, en mai 71 ; efforts dont la monarchie eût été incapable, car nous l'avons vue succomber maintes fois sous des coups bien moins redoutables. Si la France, comme le chien de l'Écriture, retournait à son vomissement, la colère grossirait les rangs socialistes de nombre de républicains indignés. Le prince entretiendra toujours le parti rouge par l'intermédiaire de sa police. C'est de tradition. Ainsi faisait l'empereur, ainsi fera tout monarque; malgré ses dangers, c'est un moyen trop simple de tout arracher aux trembleurs.

La singulière aventure de Lahode, en 1848, en est un exemple frappant. De Lahode, espion de police, jouait le rôle d'exalté dans les sociétés secrètes. A la chute de Louis-Philippe, il devint un des héros du jour et déjà se voyait en passe de devenir un personnage, quand un de ses anciens rapports, tombé entre les mains de Caussidière, fit connaître ses fonctions antérieures, utiles mais peu honorées.

De même, la police impériale plongeait ses racines aux plus bas fonds de la fange parisienne, soit dans le but d'arrêter les dangereux desseins d'une plèbe remuante, soit, au contraire, pour provoquer une petite émeute ou fabriquer un complot contre la vie de l'empereur, quand l'enthousiasme des conservateurs tendait à se refroidir.

Au 4 septembre, ces agents se trouvèrent sur le pavé et durent vivre d'industrie. Ils en avaient une sous la main : exploiter la mine ultra-révolutionnaire.

La conjuration bonapartiste se fit un instrument des ambitions de club et des passions de l'Internationale.

C'est ainsi que Bonaparte se trouva derrière la Commune de 1871, comme il s'était trouvé derrière les barricades de Juin 1848.

« Avant le 31 octobre, mon attention avait été appelée sur les menées des bonapartistes. Je n'ai pas fait de bruit de cette affaire. Je l'ai suivie très-secrètement et en dehors de la préfecture de police elle-même, qui n'était pas outillée pour exercer une surveillance utile de ce côté.

« On m'avait signalé la présence du général Fleury, je n'ai pu la constater; mais il est certainement venu à Paris, en octobre, un personnage important. Pourquoi? Je ne me suis expliqué cela que plus tard. Seulement, je sais que vers la fin d'octobre le parti bonapartiste avait modifié son attitude, qu'il reprenait courage et qu'il y avait des allées et des venues à travers le camp prussien, dans la direction de Reims, sans pouvoir affirmer que ces menées se liassent à l'insurrection du 31... Après le 31 octobre, les agents bonapartistes qui s'étaient introduits dans Paris ont disparu comme par enchantement. J'ai, moi-même, à cette époque, quitté la préfecture de police, et je n'ai compris l'importance des intrigues nouées à Paris pendant le mois d'octobre, qu'après avoir connu les intrigues nouées à Metz et à Londres pendant le même mois. »

(*Déposition de M. Adam, préfet de police.*)

Certes, après l'incendie de Paris, il est permis de redouter les communeux de l'Internationale; mais ce ne sont pas les seuls dangereux.

Si nous définissons communeux quiconque entend vivre aux dépens d'autrui, ou disposer du bien d'autrui pour ses intérêts personnels, nous diviserons les communeux en trois catégories :

1° Les communeux rouges;
2° Les communeux noirs;
3° Les communeux prétendants.

On contenterait le communeux rouge avec quelques litres d'eau-de-vie; mais on peut juger par l'appétit de la famille Bonaparte de ce que digère un estomac princier. Il faudra des millions par centaines pour satisfaire tous les personnages si besoigneux de se restaurer. On sait le prix d'un Morny; or, on ne travaille pas pour un prince sans être un peu Morny. Il y aurait bien des Morny à entretenir en liesse avec leur cortége de tartuffes, d'intrigants et de valets.

On sait, par l'attraction des communeux noirs vers les héritages, s'ils dédaignent l'argent. N'est-ce point avec l'or de nos bourses, à nous *libres-penseurs, juifs, protestants* ou *vieux catho-*

liques que les communeux noirs entendent restaurer l'Infaillible au Vatican. Et si la terrible Commune de Paris, sous peine de mort, obligeait à combattre pour le drapeau rouge, les bénins communeux noirs n'entendent-ils pas contraindre le conscrit protestant, sous peine d'être passé par les armes, de se faire casser les os pour le rétablissement du pouvoir temporel?

Les communeux noirs ou rouges ont même caractère : le cosmopolitisme. Ils égorgent sans pitié la patrie sur l'autel de leur idole.

Le communisme parisien a trouvé tout naturel d'armer contre les Français les communistes polonais, prussiens, italiens, belges et russes; les papalins de Rome estimaient fort bien de faire massacrer leurs compatriotes par des Français. Qu'est-ce que la France auprès de la régénération sociale? — Rien, dit l'Internationale. — Qu'est-ce que la France auprès de la papauté? — Rien, dit le papalin.

Sur la question du régicide, noirs et rouges sont en parfait accord : « Dernièrement a été accompli en France un exploit insigne et magnifique pour l'instruction des impies, Clément, en tuant le roi, s'est fait un nom immense. Il a péri, l'éternel honneur de la France; une force supérieure affermissait son esprit et son bras. » *Marianna de Rege.* On le voit, Rochefort et Vermersch n'ont fait que remettre à neuf les doctrines des révérends pères. Suivant certains aimables théologiens d'Italie, tuer Victor-Emmanuel serait péché véniel.

C'est que les cléricaux n'appartiennent à aucun parti politique, n'aiment aucun gouvernement ; ils sont tout simplement les adversaires de la liberté, de la lumière, du progrès. Comme ils ont glorifié l'assassin Clément, comme ils se sont empressés de patronner, bénir et encenser les assassins de Décembre, ils béniraient encore n'importe quel faussaire, parjure ou massacreur, qui les délivrerait de la République : Quiconque arrive au pouvoir par le crime compte avec eux pour s'y maintenir.

Le roi légitime a conservé de nombreux et illustres partisans; son avénement n'en est pas moins d'une impossibilité absolue. Bon nombre de légitimistes en conviennent, et se bornent à rofesser pour la branche aînée un culte fort inoffensif. Une bonne partie de la noblesse, — et de la plus haute, — s'est ralliée à la République libérale. M. Laboulaye a fait ressortir l'amour de cette classe pour les libertés locales ; les votes de la droite de l'Assemblée sur l'organisation des conseils généraux ont confirmé cette appréciation de l'illustre auteur du *Programme du parti libéral.* La noblesse a sincèrement abandonné ses priviléges ; son unique ambition est de conserver dans la vie privée ses traditions et ses souvenirs de famille. Y a-t-il un intérêt vraiment majeur à empêcher les gens de s'appeler *Monsieur le mar-*

quis, ou à peindre des merlettes sur champ de gueule aux panneaux de leurs voitures?

Les vrais fidèles de la légitimité ont été prodigues de leur sang pendant l'invasion; l'histoire sera juste en gravant sur le bronze de ses annales :

EN 1870, LA NOBLESSE FRANÇAISE A BIEN MÉRITÉ DE LA PATRIE.

Nous ne saurions trop admirer la candeur du comte de Chambord qui prétend monter loyalement sur le trône; un prétendant honnête ne sera pas une des moindres singularités du temps.

Avant le 4 septembre, le plébiscite l'a démontré, les républicains formaient une minorité imposante. Aux votes négatifs, on est en droit d'ajouter le *oui* des gens timides qui, malgré leur dégoût pour le régime impérial, le préféraient au chaos d'une révolution. L'empire, élevé par le crime, maintenu par la peur, miné par le mépris, devait tomber à la première défaite d'une armée dont il était l'émanation.

Néanmoins, la majorité des Français ne s'est ralliée à la République ni par conviction ni par goût, mais par le sentiment très-juste d'une impérieuse nécessité. Il y a beaucoup de vrai dans cette sévère parole : La France ne hait pas la République, mais elle n'aime pas les républicains. Gardons-nous de l'esprit de secte comme du pire fléau. Il ne s'agit point de montrer la date de son brevet de civisme, mais de faire acte de bon citoyen. Le pays accepte la République par raison; n'irritons pas sa fierté chatouilleuse : l'orgueil blessé le rejetterait dans la monarchie, alors : *Finis Galliæ.*

On désigne sous le nom de *rouges* deux partis bien différents : les démagogues et les socialistes. Parmi les démagogues, les uns, révolutionnaires sans principes et sans idées, aiment l'agitation pour elle-même, et n'ont d'autre but que de jouer un rôle dans l'émouvante tragédie des bouleversements sociaux; les autres prennent pour une foi sérieuse leur vague désir de rénovation. On s'imagine difficilement une révolution sans démagogie, une régénération sociale sans révolution. C'est le cyclone des vents alizés qui fait monter l'écume à la surface... puis l'air purifié souffle de nouveau mollement sur les ondes régulières de l'océan. Il faut manœuvrer virilement pendant la tempête, et non se laisser abattre, car le découragement, c'est la mort. Le temps n'est pas encore venu où l'histoire se déroulera sans cataclysme comme une série de paisibles victoires de l'esprit sur la matière..... Notre devoir est de préparer cet avenir par nos travaux et nos vertus, et de nous réconforter dans la lutte par l'espérance et la foi.

La démagogie règne surtout dans ces provinces où les cervelles fermentent sous un soleil plus ardent; or, nulle part le sol n'est aussi divisé, nulle part l'amour de la propriété ne se montre aussi jaloux. Pour présenter la turbulence méridionale comme une conspiration contre la propriété, il faut bien méconnaître ces populations tenaces dans leur ambition de posséder, économes jusqu'à l'avarice.

L'horreur du midi pour la centralisation cause tous les troubles de ces départements; de larges libertés communales calmeraient ses désirs d'autonomie.

Les journées de Juin, l'horrible révolte de Mars, faite à l'abri du pavillon prussien, nous ont éclairé sur les dangers du parti rouge; mais trembler toujours ne remédie à rien. Gardons-nous aussi de l'oublier : dans le sang de Juin et de Mars, on retrouve l'or bonapartiste. Louis Bonaparte n'a cessé d'entretenir sous main le parti rouge, comptant plus pour se maintenir sur cet épouvantail que sur l'estime de ses sujets. Montrait-on quelque velléité d'indépendance? Crac! il tirait la ficelle et le diable écarlate sortait de la boîte où le dorlotait la police... chacun alors de rentrer dans sa coquille.

Par leurs théories folles, les socialistes menacent les fondements de tout ordre social; cependant, si leur influence a été trop souvent funeste, ils n'en remplissent pas moins un rôle nécessaire dans la grande œuvre du siècle. D'une part, il n'est point inutile de secouer les haillons de la misère sous les yeux de l'homme arrivé au bien-être, et trop enclin à s'endormir sur le mol oreiller de l'optimisme; de l'autre, il est bon d'aiguillonner notre amour de l'idéal, de harceler notre tendance à nous encroûter dans une réalité imparfaite.

Le socialisme a rendu populaire le dogme évangélique de la solidarité universelle et de la fraternité des nations; il a tué le chauvinisme et distingué le faux patriotisme aggressif du droit naturel de défendre ses foyers. Il a mis à nu les sanguinaires niaiseries de la diplomatie. Quelles fantaisies socialistes nous coûteront jamais l'escapade de M. de Gramont? Ce sera l'immortel honneur de cette doctrine d'avoir déchiré les voiles dont les rois et leurs parasites enveloppaient leurs stratagèmes pour dépouiller le travail. Qui avait raison : ou de Bonaparte mettant l'Europe en feu à propos d'un Hohenzollern dont l'Espagne se serait déjà débarrassée, ou des socialistes d'Allemagne écrivant aux socialistes de France: « Nous allons nous combattre, mais n'oublions jamais que votre ennemi est à Paris, comme le nôtre est à Berlin ». Le socialisme a bien mérité de l'humanité par sa chaleureuse prédication de la solidarité universelle, par sa tentative de grouper les peuples divisés par les rois, les hommes d'État et les diplomates, autour du banquet libéralement servi par le Maître de la nature, à la seule condition du travail.

En France, où le nombre des propriétaires,

déjà si considérable, augmente de jour en jour, la propriété n'a guère à redouter les attaques du socialisme. En revanche, les notions déplorablement fausses que cette doctrine fait pénétrer, non-seulement dans les masses, mais chez les esprits cultivés, sur le rôle de l'État, constituent un danger trop réel.

La faute en est aux économistes.

Par une laborieuse étude des tendances de l'homme, de ses aptitudes et de ses besoins, les économistes cherchent des moyens pratiques d'améliorer la vie matérielle. Ce sont des sages, des philanthropes, mais des philanthropes timorés. L'économie politique naquit, pour son malheur, dans l'antichambre de Louis XV ; elle s'est toujours ressentie de son origine. Le docteur Quesnay, génie profond, rêva naïvement la réforme sociale par l'intermédiaire des grands et des rois. A. Smith, professeur de morale à Glasgow, donna une forme rigoureuse aux travaux confus du maître. J.-B. Say, sous le premier empire, qualifié d'idéologue par Napoléon, se fit le propagateur de cette science ardue. Les froides et volumineuses théories de J.-B. Say s'adressaient aux esprits méditatifs; ce penseur manquait de toutes les qualités qui font pénétrer une doctrine dans les masses. Pour être un véritable apôtre, il faut passionner les hommes en les éclairant. Depuis J.-B. Say, les économistes n'ont guère modifié leur méthode; ils s'adressent aux princes, aux grands corps de l'État, aux esprits cultivés, au lieu de parler directement au peuple, qui seul a qualité pour transformer un ordre de choses vermoulu.

L'économie politique a manqué de virilité ; ses adeptes ont reculé devant ses inévitables corollaires : destruction de tous les parasitismes, annihilation de plus en plus complète du gouvernement ; expulsion de ce double fléau : les diplomates et les hommes d'État. Le socialisme, plus habile, s'empara du cœur des masses.

Frédéric Bastiat comprit cette erreur ; il tira le premier de l'économie politique toutes ses conséquences, et tenta de la rendre populaire. La mort le surprit dans cet apostolat. A lui l'honneur d'avoir fait parler la raison avec des accents émus ; à lui la gloire d'avoir trouvé dans sa grande âme un amour assez ardent pour transformer la sèche algèbre de J.-B. Say, pour l'élever à la hauteur d'une foi, d'une doctrine religieuse embrassant Dieu et l'humanité.

Frédéric Passy, son successeur et son plus éminent disciple, a repris la tâche du maître avec un égal dévouement, avec la même passion de l'humanité ; puisse-t-il trouver des imitateurs, car le salut est à ce prix.

Je ne flétris point de l'épithète de *bonapartistes*, les personnes attachées jadis au régime déchu par un aveugle fanatisme de l'ordre et qui, maintenant éclairées sur l'infamie impériale, l'abandonnent à la juste exécration publique. J'appelle bonapartistes tous les concussionnaires, faussaires, traîtres et mouchards liés par leurs turpitudes à l'homme de Sedan.

Les incessantes intrigues de ces misérables profitent aux d'Orléans, car il n'est au pouvoir de personne de repêcher la pourpre impériale au fond de son égout.

Après leur long abus de la crédulité publique, les bonapartistes ne peuvent nous croire un grain de bon sens. D'après eux, l'Autriche, pour avoir été battue à Sadowa, n'en est pas une moins grande nation, de même après Sedan l'empereur eût replacé la France à sa soi-disant première place à la tête des peuples.

L'Autriche, empire hétérogène, à Sadowa, perdait en Allemagne un patronage indifférent aux uns, onéreux pour les autres... La Hongrie fut au moins assez peu attristée de cette défaite. Mais l'Alsace-Lorraine, c'est le sang de nos veines, la chair de notre chair, et le payement de cinq milliards nous touche bien un peu. Sans doute, la cession de l'Alsace-Lorraine, et le payement des cinq milliards, ne troubleraient en rien la sérénité de la cour; le sexagénaire empereur trouverait les mêmes complaisances dans son harem des Tuileries, les favoris dévoreraient de plus belle le budget de l'armée. Quel mépris la France inspire-t-elle donc à cet homme pour qu'il puisse croire un instant son retour possible? Hélas!

nous lui avons donné le droit de nous jeter cette injure à la face.

Napoléon III classait les hommes en deux catégories : les malins qui se vendent, les niais qu'on entraîne avec un aigle empaillé ! Quand notre imbécile admiration pour la légende impériale eut porté Louis Bonaparte à la présidence, il se trouva en mesure de pratiquer sur une large échelle le système de corruption inauguré à Strasbourg et à Boulogne avec de faibles moyens. Le prince acheta des généraux, les uns avec de l'argent, les autres avec des grades. Le premier magistrat de la République favorisa lui-même l'indiscipline, et flétrit la vieille fierté militaire par des distributions publiques de vin et d'argent.

Après Satory, Sedan et Metz.

Ce n'est pas à Metz, à Sedan qu'est la honte, c'est à Satory.

Quand l'armée suffisamment démoralisée eut à sa tête des hommes capables de tout, on la conduisit à l'égorgement de décembre.

Et les conservateurs disent naïvement : l'indiscipline nous perd, le manque de respect nous perd !

Quelle discipline, bonnes gens, pouviez-vous attendre de soldats qui, à vos applaudissements frénétiques, ont conduit en prison nos plus illustres généraux? Quel respect peuvent avoir les masses pour leurs chefs naturels, quand vous leur avez donné ce triste exemple de les conduire en exil au milieu des huées? Quoi! l'armée en décembre avait raison d'abreuver d'insultes nos plus grandes figures militaires, et en 1870 elle devait se montrer obéissante à d'ineptes valets de cour! La populace, au 4 septembre, devait s'incliner devant les créatures de l'empire, nommées par les préfets sous le couvert du suffrage universel, quand vous avez battu des mains au viol de la représentation nationale!

Que demandait-on au soldat sous l'empire?

— Le mépris du citoyen.

Aux généraux?

— Le dévouement à la personne.

Quelles capacités?

— La stratégie des rues.

Quand un militaire avait un titre, de la fortune, de la souplesse dans l'échine, si on lui supposait l'énergie de mitrailler une foule désarmée, on lui prodiguait croix et grades. Si de Moltke n'avait étudié que les rues de Berlin, jamais il ne fût venu sous Paris.

Les reptiles bonapartistes s'agitent vainement au fond du cloaque où les a plongés le mépris universel; les d'Orléans au contraire créent à la République un grave danger.

— Pourquoi les nations existent-elles?

— Pour exercer leur liberté, don de Dieu à l'homme.

— Erreur. Les peuples sont mis au monde

pour servir d'amusement à un certain nombre de mortels d'une essence supérieure appelés *princes*. Ces êtres surhumains naissent avec un front particulier pour porter couronne; aussi, quand ils n'en ont point le chef pourvu, ils s'enrhument. De là, pour eux, la nécessité d'en ramasser une, n'importe où, — dans la boue ou dans le sang, — n'importe comment, par le faux serment où l'assassinat. Pour ces messieurs, c'est affaire d'hygiène. Cette race quasi divine a pour rôle ici-bas de sauver les sociétés soi-disant en péril; témoin Louis Bonaparte qui se consacra à la félicité des Français.

— Toujours est-il que les d'Orléans sont de bons Français.

— Oui-dà! ils sont princes. Regardez le duc de Montpensier, le plus Espagnol de toutes les Espagnes. Les lauriers de Miltiade empêchent Thémistocle de dormlr; d'Aumale, Joinville, le comte de Paris maigrissent en songeant à Montpensier, à qui il est déjà donné de tripoter de guerre civile. Vont-ils, simples mortels, passer inaperçus? Se présenteront-ils bourgeoisement en l'autre monde, sans un convenable cortége de morts? Quoi! ils sont princes et le sang humain n'aura point coulé pour eux? De quoi sont-ils faits, ces êtres extra-humains pour ne songer, en ces jours de deuil, qu'à leurs convoitises, pour rêver de couronne, chambellans, grands veneurs et autres laquais titrés?

— C'est vrai. Je n'y pensais plus; le duc de Montpensier s'est fait Espagnol sans broncher. Hélas! chez nos voisins aussi, il pleut des prétendants comme la grêle dans le champ d'un pauvre homme.

— C'est pour leur bien. Simple désir de sauver les Espagnols. Si Joinville trouvait moyen de sauver le Brésil, on le trouverait Brésilien jusqu'à la moelle; et si d'Aumale voyait jour à sauver l'empire ottoman ce serait un excellent Turc.

En sa qualité de prétendant, le comte de Paris a commis dans le temps son petit manifeste socialiste tout comme l'honnête prisonnier de Ham.

La méthode est aujourd'hui si connue que le premier goujat venu pourrait rédiger un manuel *ad usum* des aspirants au trône.

D'abord socialiste, le prince prétendant, à l'instar de Fourrier, promet de faire pousser des ananas à Dunkerque et de transformer la mer en limonade. Il cajole les démocrates et proclame le droit de tous à la brioche et au pâté truffé. On travaille assidûment à surexciter les mauvaises passions, à mettre le pays en péril, afin de pouvoir le sauver. Sur ces entrefaites, le monarque régnant tombe, — c'est de règle après dix-huit ans. — A cette phase, le prince prétendant opère une habile évolution, et devient le soutien de l'ordre. Si vous ne lui rendez pas *sa couronne*, les communistes se partageront la France comme un gâteau et vous couperont les oreilles.

Les d'Orléans sont honnêtes gens, dit-on.

D'accord. Mais ils sont princes et prétendants. Si le prince est parfois honnête, le prétendant ne l'est jamais. Les rois et les prétendants ont une morale à part du commun des hommes. Napoléon Ier, dans un accès de franchise soldatesque, disait un jour : « Je me f... bien de deux cent mille hommes. » Tous les grands de la terre en sont là; le sang des petits vaut tout juste, à leurs yeux, l'eau de la rivière.

Si l'on en croit les orléanistes, le malaise profond dans lequel la France se débat n'aurait nullement pour cause les cinq milliards à payer, ni la présence de l'étranger sur le territoire; l'absence aux Tuileries du comte de Paris fait tout le mal.

Le comte de Paris est une perfection, sans doute, mais nous ne le connaissons pas; quelle garantie offre-t-il?

Il est prince.

Eh! morbleu! Louis Bonaparte aussi était prince; ils sont tous princes dans sa famille, où la licence des femmes le dispute à la poltronnerie des hommes. Moi, je m'en tiens au vieil adage : « Dieu pétrit d'une boue particulière l'âme des laquais et des princes. »

Les d'Orléans nous parlent de leurs *traditions de famille*. Elles appartiennent à l'histoire et se résument en deux mots : Convoitise et Perfidie. Est-ce que le grand-père, pour sauver sa fortune ou usurper le trône de Louis XVI, n'a point voté sa mort, au grand scandale de Robespierre lui-même? Est-ce que le père ne trahit point la patrie en péril, de concert avec Dumouriez, dans l'espoir de recevoir la couronne des mains de l'étranger et du soldat révolté? Est-ce que ce même père, traître une première fois envers sa patrie, ne trahit point plus tard son roi, son chef de famille, qui l'accablait de bontés? N'a-t-il pas déshonoré une femme de sa famille?..... A part cela, le meilleur des hommes. Voilà, messieurs les princes, les traditions que vous invoquez, donnant à entendre que vous comptez bien les prendre pour exemple.

Pendant la guerre, le reporter d'un journal anglais racontait le fait suivant :

« Je me trouvais, dit-il, dans un des bureaux du ministère de la guerre, quand M. Thiers entra pour s'informer des derniers événements et demander des nouvelles de Gambetta, alors indisposé. Je lui dis : « Le bruit court que vous tra-« vaillez de tous vos efforts à la restauration des « d'Orléans. » M. Thiers me répondit avec animation : « Jamais! jamais! La conduite des princes « m'inspire un trop profond dégoût! »

Aujourd'hui, l'inépuisable bienveillance du Président de la République pour les princes ne permet plus d'admettre cette histoire à sensation.

Mais, à l'époque de ce *racontar*, je le tins pour réel. Personne n'a le droit de donner comme vrai le bruit public qui mettait le journal *l'International* aux gages du duc d'Aumale et lui en attribuait la rédaction. En revanche, on a le droit de prétendre que si le prince avait eu dans l'âme la moindre étincelle de patriotisme, il eût protesté contre les assertions et les menées de cette feuille antipatriote.

Il est de notre droit de dire : c'était agir en mauvais citoyen d'accepter la responsabilité des plus fiéleuses calomnies contre le Gouvernement de la Défense, calomnies invariablement terminées par ce refrain : « La dictature du duc d'Aumale est la seule planche de salut. » Le moment était mal choisi pour provoquer l'indiscipline dans l'armée par les plus odieuses récriminations contre le Gouvernement de la Défense, en l'accusant même des rigueurs de la saison ; pour inspirer au soldat la haine du pouvoir, en lui faisant voir dans le ministre de la guerre la cause unique de ses souffrances, de ses malheurs ou de ses lâchetés, lui assurant d'ailleurs, imperturbablement, qu'avec la victoire, le duc d'Aumale lui apporterait des douillettes d'Astrakhan et des pâtés de Chartres.

A notre tour, nous dirons, avec plus de vérité : Si la France, affolée, tremble pour son lendemain, la faute en est aux prétendants ; si le commerce agonise, la faute en est aux prétendants ;

si le travail ne reprend pas, la faute en est aux prétendants.

Je connais des tentatives orléanistes pour faire acclamer le prince de Joinville par l'escadre de Cherbourg, et allumer la guerre civile pendant la marche des Prussiens sur Carentan. Au parti seul incombe la responsabilité de cette indignité, car le prince, sans doute, ignora cette infamie.

Là, dans cette grasse Normandie, où le bien-être avait étouffé tout sentiment de patriotisme et d'honneur, j'ai suivi les agissements de cette ignoble coalition orléano-bonapartiste, qu'on peut appeler la *conspiration du découragement.*

Seule, l'exaltation eût pu compenser chez les mobiles et les mobilisés le défaut d'organisation et de discipline. Mais la délivrance du territoire eût été le triomphe de la République, ce dont orléanistes et bonapartistes ne voulaient à aucun prix. Aussi, les émissaires de la conspiration du découragement entreprirent la prédication de la fuite aux mobiles et mobilisés : 1° on ne pouvait résister à l'artillerie prussienne ; 2° le Gouvernement de la Défense laissait à dessein les troupes manquer du nécessaire et empochait l'argent ; 3° son plan était de conduire au massacre et de faire périr de misère tout ce qui n'était pas républicain ; 4° remporter la victoire, ce serait travailler pour les rouges ; 5° en prévision d'une guerre civile certaine, le devoir de chacun était de se réserver pour la protection de son foyer.

Voilà ce que prêchaient impudemment, dans les cabarets et les lieux publics, les partisans secrets de Bonaparte et les orléanistes avérés.

Telle fut la principale cause de notre poltronnerie. Grâce à la conspiration du découragement, dont l'*International* était l'organe officiel, on rencontrait partout des troupes affichant leur projet bien arrêté de fuir à première vue de l'ennemi. Voilà pourquoi, dans le Nord, quinze uhlans firent prisonnier un bataillon entier; pourquoi les mobiles du Calvados s'enfuirent si à temps, qu'un seul fut atteint au gras du dos, d'une balle morte ; pourquoi le paysan trahissait ; pourquoi, à la fin de la campagne, les Allemands dédaignaient de se servir de leurs armes et chassaient nos soldats à coups de pied.

Servirons-nous encore longtemps de jouets sanglants à quelques hommes? N'est-il point temps de jeter au tombereau du balayeur toutes ces ordures monarchiques?

La commission de révision des grades emploiera très-utilement quelques-uns de ses précieux instants, en cassant les diverses nominations, si parfaitement illégales, des princes d'Orléans, nominations faites en pleine paix, sans l'ombre d'un motif valable. Leur moindre inconvénient est d'inspirer une juste défiance à l'immense partie de la nation qui n'est pas aveuglément dévouée à cette ambitieuse famille, dont nous retrouvons, depuis 89, les intrigues mêlées à tous les troubles du pays. La situation de ces princes, dans les différentes armes, ne contribuera certes point à restaurer une discipline déjà trop ébranlée.

Il ne serait point non plus inutile de remarquer que, de par toutes les lois françaises, le fils de Boquillon s'appelle Boquillon ; et que, par suite, le fils légitime de M. de Joinville ne saurait s'appeler M. de Penthièvre.

MM. d'Orléans n'ont pas d'autre alternative : ou se soumettre à la loi commune, ou retourner à l'étranger, cas où nous leur souhaiterions toutes sortes de bonheur et de prospérité. MM. les princes doivent donc opter : ou porter le nom distinctif de leurs pères, ou leur nom de famille d'Orléans, à moins qu'ils ne préfèrent reprendre celui de leur aïeul, le régicide Philippe-Égalité.

Qui gagnera la partie? d'Orléans ou Bonaparte?... En tout cas, nous en payerons les frais.

La République française ne peut avoir, en Europe, qu'une amie, la Suisse, et pas d'alliés. Les monarchiens aiment à le dire : la République française effraie les trônes : jamais les rois ne la verront d'un bon œil.

Sans doute.

La royauté serait-elle plus heureuse?

L'avénement de Henri V nous rendrait l'Autriche moins hostile, l'Angleterre moins indifférente, la Russie plus sympathique. En revanche, les imprudentes déclarations du monarque *in partibus*, nous feraient de l'Allemagne et de l'Italie des ennemis irréconciliables et fort désireux de frapper.

Le plan de Henri V est des plus simples : soulever dans toute l'Europe les passions religieuses. Révolter, ici, Naples; là, le Hanovre; en Bavière, les ultramontains. Allumer, du nord au midi, les effroyables guerres d'un autre âge. Henri V est cependant, au dire de tous, un homme excellent; mais..... il est un peu *roi*. J'ose dire que les *gens d'ordre*, qui réclament le comte de Chambord, sont de la force de Gribouille. Quant à Henri V, il veut faire de l'ordre avec du désordre,— comme Caussidière.

Quels alliés pourrions-nous devoir aux revenants de la monarchie de Juillet?

Les souverains de vieille souche lui firent jadis assez comprendre qu'elle était une intrue. La plus tolérante des puissances, la Grande-Bretagne, voulut bien nous permettre de travailler à ses intérêts, sauf à montrer les dents quand nous songions aux nôtres. En 1840, aux mariages espagnols, l'Europe nous montra peu de sympathie, j'imagine.

Et les alliés de l'Empire?

La campagne de 1870 nous a suffisamment dévoilé les antipathies accumulées contre nous par le régime impérial dans le monde entier. La monarchie orléaniste ou napoléonienne ne saurait nous valoir des alliances, pour deux raisons :

Raison d'instabilité;
Raison d'origine.

Quelle communauté d'intérêts peut lier des souverains étrangers à des princes si peu sûrs de leur lendemain, et souillés de la tache révolutionnaire. La république, même, est un moindre scandale pour ces sociétés féodales, ces monarchies de droit divin, que nos royautés d'occasion, nos empires d'aventure.

Reprenons notre mission de 89, dont nous avons perdu le sens, dès les premiers jours, par amour d'une sotte propagande révolutionnaire. La démocratie doit faire ses conquêtes par l'exemple, et non par la force. Donnons à l'Europe le spectacle d'une république florissante, religieuse, paisible, et nous verrons bientôt crouler autour de nous les trônes. Nous ne serons plus seuls alors, car nous aurons Dieu et les peuples pour nous.

III

Paris capitale.

L'homme convaincu doit lutter avec une inébranlable énergie contre l'aveuglement de son propre parti. Souvent il perd ainsi une éphémère popularité, l'estime durable du public, plus tard, l'en console.

Il est impossible de réunir dans la même enceinte ces deux puissances rivales : la municipalité de Paris, l'Assemblée nationale; en contact, elles doivent infailliblement s'entre-dévorer; séparées, elles exercent, l'une sur l'autre, une influence salutaire. La séparation de ces deux pouvoirs nous semble d'autant plus nécessaire que, fidèles aux vrais principes de la République, nous voulons l'autonomie de Paris, jusqu'aux dernières limites compatibles avec l'unité nationale. Paris se trouve dans une situation analogue à celle de l'Église catholique réduite, dans tous les États, à opter entre la liberté ou la domination sous un maître.

En cherchant la cause de nos convulsions politiques, nous la trouvons dans la présence du gouvernement dans Paris. Aussi la France, méfiante non sans raison de la turbulence de la capitale, et peu soucieuse de se trouver à sa merci, y accumule de grandes forces militaires. Le chef de ces forces militaires dispose du gouvernement, jusqu'à ce que ses excès le fassent tomber sous les coups de la démagogie parisienne, et nous oscillons sans cesse entre le despotisme du sabre et le despotisme de la rue.

Pour protéger la représentation nationale contre la pression de Paris, la province doit non-seulement y entretenir une armée nombreuse, mais y concentrer toute l'action départementale. Pas de décentralisation sans déplacement du pouvoir central.

Qu'entend-on par socialisme, — non pas dans les livres, — mais sur le pavé de Belleville?

Le socialisme nu et dégagé de ses fastueuses théories, se réduit à ceci : entretien des ouvriers de la capitale aux frais des provinces, soumission de la représentation nationale aux agitateurs de clubs.

Le siége du gouvernement dans Paris, c'est,

tour à tour, césarisme et socialisme ; c'est l'exploitation de la nation, tantôt par un chef militaire, tantôt par une poignée de démagogues. La capitale, en perdant la domination, gagnera la liberté ; il ne sera plus nécessaire de la faire vivre sous le canon. Elle pourra se constituer en commune quasi-indépendante, et deviendra la tête intelligente du monde, au lieu d'être le cerveau fêlé de la France.

Je professe cette doctrine depuis de longues années; je dirai, tout à l'heure, depuis quelle époque et pourquoi. Mais avant, je tiens à répondre aux gens qui disent : « Ingrats ! ne devez-vous point à Paris la Révolution et la République ? »

D'abord notre ingratitude est de droit, car après nous avoir donné la République, Paris, non content de la rendre impossible, ne manque jamais de mettre en péril l'ordre social, et notre indépendance nationale même. Paris a la spécialité de renverser tous les gouvernements ; étant républicain, je refuse de jeter la République dans la gueule du loup.

Les journées des 5 et 6 octobre sont les plus funestes de notre histoire. Le courant de 89 aboutissait fatalement à la République. Si, conformément à la volonté de Mirabeau qui pressentit l'orage encore sous l'horizon, l'Assemblée fût restée à Versailles, nous arrivions lentement mais sûrement à cette forme de gouvernement nécessaire dans un pays sans aristocratie. La période de gestation eût été longue peut-être, mais n'eût point mis au jour un mort-né. Nous n'eussions pas eu, il est vrai, la République de 93 ni l'Empire. Aujourd'hui nous sommes édifiés sur les bienfaits de l'Empire, et nous savons que les souvenirs de 93, habilement exploités par des intrigants, constituent le grand obstacle à l'avénement de la véritable démocratie. Depuis les 5 et 6 octobre, tout dans notre histoire est à regretter.

Aux jours à jamais maudits de décembre 1851, quand la nouvelle du forfait du chef de l'État parvint dans ma cité bretonne, nous, les républicains, tentâmes de la soulever pour la défense de la loi. Le Breton, chacun sait, prend lentement ses décisions irrévocables; cependant, à notre voix, la colère montait et nous pouvions espérer une explosion de fureur populaire, quand l'inexplicable soumission de Paris nous fit tomber les armes des mains. Ce qui s'est passé dans ma ville s'est passé dans toute la France.

Proudhon nous le dit formellement dans *la Révolution démontrée par le coup d'État*: Pendant la perpétration du crime, les faubouriens, au cabaret, tranquillement rassemblés autour des billards, disaient, tout joyeux de l'escamotage de l'Assemblée: Bien joué!... Bien joué! Tel fut le cri de la grande ville quand Louis Bonaparte égorgeait la République; et quand l'héroïque

Baudin, du haut de la barricade où il devait trouver la mort, appelait le peuple à la défense de la loi, ce peuple lui répondit : « Plus souvent que j'irai me faire tuer pour tes 25 francs ! »

Depuis lors, le premier article de mon *credo* républicain a été :

PAS DE PARIS CAPITALE !

Non, pas de Paris capitale, car le peuple des journées des 2 et 3 septembre et du 31 mai n'a pas su défendre la loi, au 18 brumaire ; car le peuple des journées de juin, au 2 décembre, s'est contenté d'applaudir à l'emprisonnement de l'Assemblée.

Il est vrai, l'Assemblée déplaisait à la capitale.

Lors donc que l'Assemblée ne plaira pas aux clubistes de Paris, — grâce à Dieu, il en sera toujours ainsi, — nous devrons nous résoudre à voir jeter la représentation nationale par les fenêtres.

Si nous voulons établir le règne de la démocratie, commençons par abolir la souverainteé de la capitale et l'aristocratie des grandes villes. La France ne peut se contenter d'être le Latium de la nouvelle Rome ; nous ne sommes point des Fellah ni les Parisiens des Mamelucks. Il faut sortir à tout prix de la vieille rengaîne jacobine : la suprématie de Paris. De la royauté de Rome naquit le césarisme. Voulons-nous, nous aussi, servir à perpétuité de jouets à des Césars intronisés aujourd'hui par l'armée, renversés demain par une convulsion du forum?

La monarchie dans Paris ne peut nous donner que le despotisme, l'anarchie, la guerre civile.

Le gouvernement républicain siégeant en province nous donnera l'ordre et la liberté.

Qu'est-ce que l'aristocratie? — Un privilége attaché au hasard de la naissance. Les aristocrates naissaient dans la pourpre; ils naissent maintenant sur le pavé de Belleville ou du *faubourg Antouënne*. Aux anciennes inégalités sociales, nous avons substitué l'inégalité plus absurde encore du Provincial et du Parisien. Comprenons-le enfin: la domination de Paris, c'est le césarisme; la ville impériale entraîne l'empereur. Les vrais aristocrates, ce sont ces clubistes qui nous signifient par le télégraphe notre gouvernement et leurs souveraines volontés. Et l'on entend les départements répéter en chœur: « Paris est le cerveau de la France, » avouant ainsi leur propre imbécillité!

Belleville, à son tour, se juge « le cerveau de Paris, » et voilà Belleville transformé en vatican moderne. Néanmoins, pendant le siége, les tribus des Beni-Belleville et des Beni-La Villette n'ont point conquis, par leur héroïsme, le droit de dédaigner personne.

La révolution de 48 avait justement renversé l'oligarchie des censitaires et proclamé le suffrage universel. Était-ce pour revenir au système romain de l'engraissement de la capitale avec la substance même de la province, en remplaçant la vieille aristocratie romaine par la caste des Bellevillois et le sénat par le club des Folies-Bergères? Le cerveau de la France est partout, sous le chaume et le toit de l'ouvrier, dans l'orgueilleuse cité et l'humble village; plus de provinciaux ilotes.

Si Paris nous envoie les chapeaux de la bonne faiseuse, la coupe distinguée des faux-cols, la meilleure façon de porter les cheveux d'autrui, nous lui envoyons des bœufs et du grain. Cinq mois de siége auraient dû faire comprendre à l'intelligente population de Paris qu'on ne vit pas sans pain ni viande, et qu'à la rigueur, on peut se passer de littérature obscène et de dessins orduriers.

La révolte du 18 mars a écrit sur son drapeau une formule devant laquelle nous nous inclinons : Autonomie de Paris. Que Paris choisisse ses magistrats, nous les nôtres; rien de plus juste. La liberté arrange tout, règle tout pour le mieux dans le meilleur des mondes.

Après la bataille de Wœrth, on lisait dans tous les journaux, en tête de l'énumération des apprêts de défense de la capitale, écrit en majuscules énormes :

PARIS SAUVEUR !

Paris ne nous a point sauvés; mais il a bien fait tous ses efforts pour achever notre ruine. La France n'oubliera jamais l'effroyable égoïsme de l'orgueilleuse cité qui mit notre existence nationale en péril pour quelques mesquines libertés municipales.

Paris, au 18 mars, s'est allié aux Prussiens; c'est de la démence de vouloir replacer la représentation nationale sur ce volcan de boue. Nous nommons des députés pour qu'ils travaillent; on est mal, pour remplir d'austères devoirs, entre les joies folles et les pâles terreurs. De grands services pouvaient seuls conserver à Paris l'honneur de garder l'Assemblée nationale. Paris, par le crime de Mars, a brisé sa couronne de capitale.

Nous voulons la République des Girondins, la République fondée sur l'indépendance de toutes les parties du territoire; comme eux, nous voulons le pouvoir fédéral hors de Paris. Tous les événements postérieurs à leur martyre ont confirmé l'impossibilité d'y maintenir une Assemblée nationale vraiment libre, première condition de liberté plus que d'ordre encore.

Si les plus nobles têtes de la Gironde n'étaient point tombées sous le couteau de la Commune de Paris, la voix de ses grands orateurs eût réveillé le peuple à la funeste date du 18 brumaire. L'égorgement de toutes les individualités bien trempées a seul permis cette confiscation de la patrie. Nous devons le premier empire aux Montagnards de 93, et le second empire aux Montagnards de 48. Remontez la chaîne des événements avec impartialité ; arrivez à la cause première des ruines et des hontes de 1815, des ruines et des hontes de 1871 ; vous trouverez le despotisme de Paris. Nous sommes sur une pente rapide de décadence ; une révolution radicale peut seule nous sauver. Il faut que toutes les énergies se réveillent, que l'on pense partout, qu'il y ait sur toute la surface du territoire une immense activité politique, religieuse et morale.

Sans cela Schwartzemberg pourrait avoir prophétisé juste quand, empêchant Blücher de bombarder Paris, il lui dit : « Arrête ! la France périra par là. »

Quel est le mal profond, incurable peut-être du temps présent ? — LE CULTE DE LA FORCE, culte de Bismarck et de Blanqui, de Bonaparte et de Ferré, de tous les despotes d'en haut et d'en bas. Or, si ce principe détestable tire son origine de la vieille monarchie, qui s'est emparé de ce funeste héritage, au lieu de le rejeter résolûment ? — La démagogie parisienne. Depuis le 31 mai 1793, n'est-il pas admis que toutes les difficultés politiques doivent se trancher par la force ?

Paris a droit à des libertés municipales, et ces libertés municipales, — surtout avec la tradition jacobine, — sont incompatibles avec le siége du gouvernement dans Paris. Une grande cité ne se débarrasse point instantanément de ses traditions séculaires. Ces traditions, on les suce avec le lait; or, s'il en est une implantée dans le cerveau des Parisiens, c'est leur droit souverain, en vertu de leur supériorité intellectuelle, de disposer du pays tout entier.

« ... Aussi vrai que je m'appelle Bélisaire et que j'ai mon rabot dans la main en ce moment, si le père Thiers s'imagine que la bonne leçon qu'il vient de nous donner aura servi à quelque chose, c'est qu'il ne connaît pas le peuple de Paris. Voyez-vous, monsieur, ils auront beau nous fusiller en grand, nous déporter, nous exporter, mettre Cayenne au bout de Satory, bourrer les pontons comme des barils à sardines, le Parisien aime l'émeute, et rien ne pourra lui enlever ce goût-là. On a ça dans le sang. Qu'est-ce que vous voulez? Ce n'est pas tant la politique qui nous amuse, mais c'est le train qu'elle fait : les ateliers fermés, les rassemblements, la flâne et puis encore quelque chose en plus que je ne saurais dire... Pour bien comprendre cela, il faut être né, comme moi, rue de l'Orillon, dans un atelier de menuisier, et depuis huit ans jusqu'à quinze qu'on m'a mis en apprentissage, avoir roulé le faubourg avec une voiture à bras pleine de copeaux. Ah! dame! je peux dire que je m'en suis payé, des révolutions, dans ce temps-là. Tout petit, pas plus haut qu'une botte, dès qu'il y avait du bruit dans Paris, vous étiez sûr de m'y voir par un bout... »

(*Contes du Lundi. Les trois sommations.*)

Un éminent historien a dit : « Tout grand changement de mœurs demande un changement de capitale. » Avons-nous besoin de changer de mœurs?

La République, plus que tout autre gouvernement, a besoin de stabilité; un ordre durable et le siége du gouvernement dans Paris sont incompatibles : l'histoire ne permet pas d'en douter. Que les monarchiens qui ont tout à espérer de l'émeute désirent retourner à la vieille routine, ils sont dans la logique; c'est une inconséquence de la part des républicains. La liberté n'est pas le despotisme de la lie de la capitale; renversons au plus tôt cette sanglante idole devant laquelle nous nous sommes trop longtemps inclinés. Ce culte odieux a fait prendre la République en aversion par les bonnes gens de province. Reprenons le programme des victimes du 31 mai.

Présentement, nous devons à la Commune de Paris : Le mépris de l'Europe — l'insulte du nouveau monde, au point que la presse des États-Unis demanda le partage de la France au nom du salut européen, — un redoublement de dureté chez le vainqueur. — Dans le moment où nous avions tant besoin d'or et de crédit pour solder la retraite de l'invasion, l'insurrection du 18 mars tarissait nos dernières ressources. Car, ainsi que l'a dit avec raison le rapporteur de la commission du traité de paix : « Si l'empire a conduit l'étranger sur notre territoire, la démagogie l'y a retenu. » En achevant de nous épuiser, l'insurrection de Paris, suivant la parole de M. Thiers : « a éloigné le pain qui se rapprochait de la bouche de l'ouvrier. »

Il est assurément fort difficile de préciser la part des Prussiens dans l'insurrection de la Commune, Bismarck n'était pas homme à laisser s'égarer des témoignages décisifs. Le drapeau de l'empereur Guillaume flottait sur les forts de Paris quand on entama le procès de la Commune ; les Allemands occupent encore notre territoire. La pudeur et la prudence nous obligent de taire une partie de la vérité dans cette douloureuse enquête.

Un seul fait repose actuellement sur des preuves écrites : la sommation à la Commune d'exécuter son décret sur le renversement de la colonne, sous peine de rupture de ses communications avec le Nord. A Neuilly, pendant le siége, les Prussiens répétèrent, à différentes reprises, qu'avant leur départ, ils feraient détruire le trophée de la place Vendôme par les Parisiens mêmes. La Commune accorda des laissez-passer à plusieurs officiers allemands pour les réjouir de notre déshonneur national : on les vit aux fenêtres de la place rire à gorge déployée et boire du champagne avec des filles.

Campagnards, vous devez les nouveaux impôts à l'empire; ouvriers, vous devez votre malaise à la Commune... Tous ces maux ne sont qu'un des actes du long procès commencé le 31 mai 1793 : La France se gouvernera-t-elle elle-même, ou Paris régira-t-il la France?

Terminons par deux citations du journal *le Soir*, zélé partisan du retour à Paris. Elles ont trait à la fameuse algarade du président de la République, quand, par l'entêtement protectionniste de M. Thiers, au sujet de l'impôt sur les matières premières, nous nous vîmes à la veille des plus grands malheurs :

« La journée d'hier est un enseignement, à la fois un enseignement et une expérience pour le président de la République et pour l'Assemblée nationale. Il est fort heureux pour tous deux que cette petite guerre se soit passée dans le chef-lieu du département de Seine-et-Oise, à l'abri des émotions de la place publique et pour ainsi dire dans le silence du cabinet. »

(ÉT. JUNCA.)

« Tandis que M. Batbie coud cette énorme malice à grands renforts de fil blanc, le public anxieux se serre dans les tribunes. Versailles est fort ému, mais il contient ses sentiments ; car les groupes qui se sont formés devant la cour du Maroc font à peine un total de quarante personnes, et dans le nombre il y a trente-neuf Parisiens. On n'a pas consigné un seul soldat dans les casernes. Si un tel drame se passait à Paris, le palais Bourbon serait assiégé par quarante mille individus de tout sexe et de tout âge. »

(*Soir*, 23 janvier 1871.)

IV

Dieu et la Liberté.

En voyant, au sommet de l'humanité, Bonaparte, Saint-Arnaud, Persigny.... invoquant la Providence avec un aplomb imperturbable, j'avoue m'être demandé si Dieu n'était pas une invention des exploiteurs et des parasites. Comment le ciel restait-il impassible devant l'odieuse comédie jouée par ces sinistres farceurs?

Comment croire au bien ou au mal, au juste ou à l'injuste, quand aux pieds de ces gens de débauche, de meurtre et de rapine, une foule rampante criait : « Hosannah à l'homme providentiel »?

Combien une société doit être ébranlée jusqu'en ses fondements les plus profonds quand on voit : les prêtres, — représentants de Dieu; — les magistrats, — représentants de la justice; — les généraux, — représentants de l'honneur; — tout ce qu'on est habitué à respecter, de l'archevêque au gendarme, — se précipiter aux genoux d'escrocs, de faussaires, d'assassins.

Malheur aux générations qui assistent au démoralisant spectacle de la bassesse humaine en adoration devant le succès! Comment ne perdraient-elles pas toute foi quand elles ne voient pratiquer d'autre culte que celui de la jouissance à n'importe quel prix?

DIEU, DEVOIR, LIBERTÉ, ces trois concepts sont congénères et inséparables; nier l'un d'eux, c'est nier les trois.

Pourris par le matérialisme, nous avons déchu d'abord dans le monde moral; or, par une infaillible loi de la volonté divine, la puissance des peuples est toujours en raison directe de leurs vertus. Aussi, au moment du péril, nous sommes-nous trouvés d'une lâcheté insigne.... châtiés par l'éternelle justice, revenons au plus tôt à Dieu, au devoir, à la liberté, là seulement est le salut.

Je veux la République, parce que je crois en Dieu.

Je veux la République, parce qu'elle est la forme politique la plus complète de la liberté.

A quel titre puis-je réclamer l'exercice de ma liberté? — au titre d'être libre, j'imagine; c'est là une vérité de La Palisse. Si je demande l'exercice de ma liberté, c'est qu'évidemment je considère la liberté comme inhérente à ma nature. Je n'ai pas l'ombre d'une raison valable pour réclamer l'exercice de ma liberté, si je nie mon libre arbitre.

Mais ai-je bien mon libre arbitre?

Il faut l'avouer, la preuve métaphysique de notre libre arbitre se trouve au delà des bornes de notre raison. Toutefois, si je ne puis croire ce qui est contraire à ma raison, je puis croire ce qui est au-dessus de ma raison bornée, quand je trouve en dehors de la dialectique des motifs péremptoires.

Les athées et les sceptiques nous éblouissent par un certain nombre d'aphorismes auxquels il est difficile d'opposer des arguments victorieux :

« Dieu est une hypothèse incompréhensible pour expliquer l'incompréhensibilité de la création. »

« Le prétendu libre arbitre n'est que l'ignorance des causes qui nous font agir. »

Si je tourne mes regards vers les cieux, j'y trouve un univers régi par des lois fatales. Il faut avoir le courage de le dire hautement : Rien dans l'ordre matériel ne nous donne le droit d'affirmer une Providence.

Les études physiologiques tendent de plus en

plus à assimiler l'homme à l'animal, à étendre le domaine de la fatalité dans le règne de la vie.

Quiconque a médité la cosmogonie de Laplace ne peut concevoir la création d'après la vieille donnée théologique. L'illustre astronome, faisant surgir le système solaire des seules propriétés de la matière, a pu dire, en un sens, qu'il supprimait Dieu comme une hypothèse inutile. Mais si je puis assez aisément imaginer l'univers céleste sans Dieu, il m'est plus difficile de comprendre sans lui, ô Laplace, votre sublime génie. Ne nous avez-vous pas dit : « Si la connaissance du ciel est bien propre à rabaisser notre orgueil en nous montrant l'insignifiance de cet impalpable grain de poussière, appelé par nous la Terre, dans le tourbillon des mondes, rien n'est plus fait pour exalter l'INTELLIGENCE HUMAINE *que la petitesse même de la base qui lui servit à mesurer l'immensité des cieux.* » Si mon infirmité intellectuelle ne me permet point de distinguer l'action d'une Providence dans toute matière obéissant à des lois fatales, je trouve du moins une émanation de Dieu dans le génie de l'astronome qui nous a dévoilé les lois de la stabilité de l'univers, et dont l'audacieux regard a su percer la nuit des temps qui précédèrent la forme actuelle du système solaire.

Et vous, physiologistes et anthropologistes, pourquoi vous donner tant de mal pour nous assimiler aux brutes? Plus vous entassez de raisonnements plausibles, moins vous me persuadez, car vos subtiles recherches sont de merveilleuses preuves de votre esprit.

Admettons, — rien en effet ne nous autorise à affirmer le contraire, — l'ordre du monde comme un résultat des forces inhérentes à la nature des corps; considérons la vie (ici la science pure autorise déjà mon doute) comme un jeu des propriétés de la matière, puisque la vie se montre soumise à des lois fatales; faisons enfin cette concession monstrueuse : l'intelligence est le produit d'une combinaison d'atomes....

Mais il est absolument contradictoire de prétendre qu'un *être libre* peut naître du jeu de propriétés physiques. Ici, je ne me heurte plus à un fait incompréhensible, mais contre une impossibilité absolue. Je n'ai plus devant moi un fait *au-dessus* de ma raison, mais un fait *contraire* à ma raison. Un être personnel et libre ne saurait procéder que d'un être personnel et libre; cet être personnel et libre, d'où émanent tous les êtres libres, l'humanité l'a appelé Dieu.

Rationnellement, je ne puis démontrer l'existence de Dieu. Comment démontrer l'existence d'un être immatériel et incompréhensible?

Mais si je ne puis démontrer l'existence de Dieu, j'ai du moins le droit d'affirmer la nécessité de ces deux couples d'idées : ou Dieu et Liberté, ou athéisme et fatalisme.

Ces deux théories ont logiquement une valeur égale : il m'est permis d'être athée et fataliste, ou déiste et partisan du libre arbitre; mais il m'est absolument interdit de me prétendre libre et de nier Dieu.

Sans doute, la pauvre humanité est saisie de vertige quand elle tente de jeter un regard au fond de cet abîme: le libre arbitre. De Socrate à Jules Simon, de Pélage aux derniers grands docteurs jésuites, elle s'est épuisée en vains efforts. Philosophes et théologiens n'ont réussi qu'à mettre à nu notre impuissance.

Un habile sophiste démontrait, par des raisonnements subtils, l'impossibilité du mouvement. Diogène lui répondit en marchant.

De même, le seul moyen de me convaincre de mon libre arbitre, c'est de faire acte de liberté.

Plus je vivrai dans un milieu d'êtres libres, plus j'exercerai ma propre liberté, plus j'aurai conscience de mon libre arbitre. Car il y a là, pour moi, une expérience positive et concluante, comme toutes celles des *sciences positives*. J'aime la liberté, parce qu'elle est la *seule* réfutation du matérialisme, réfutation en action, expérience faite en plein soleil, dans laquelle chacun de nous est expérimentateur et témoin. « La liberté ne tue pas Dieu », dit Lacordaire, dans son beau plaidoyer en faveur de la liberté de conscience; sans doute, car l'affirmation de Dieu légitime seule la liberté; et si jamais la notion de Dieu s'éclipsait sous quelque despotisme, elle renaîtrait avec le premier homme libre.

J'ai donc deux motifs pour croire à mon libre arbitre : 1° l'exercice de ma liberté; 2° ma conscience. Car tous les raisonnements du monde, même ceux d'outre-Rhin, ne sauraient me faire prendre Caton pour un automate, ni le Christ pour un singe perfectionné. Il est permis de ne point accepter les arguments du Phédon ; Platon et les disciples de Socrate ne doutèrent jamais de Dieu, ni de l'immortalité de l'âme, l'argument victorieux, par-dessus tous, les avait frappés dans les dernières profondeurs de leurs consciences : le sacrifice du juste.

La liberté doit avoir, très-naturellement, des ennemis sincères. La plupart des convictions fausses ne reposent pas sur une idée fausse, mais sur une idée incomplète. Si la liberté est la source de tout bien, elle est aussi la source de tout mal. Monseigneur Gaume n'a pas précisément tort quand il dit : « La liberté, c'est le satanisme. » Il est vrai, la liberté est trop souvent la révolte de Satan contre Dieu; mais la suppression de la liberté serait le règne du néant. Le Christ vainqueur doit enchaîner Satan au fond de l'abîme; Ormuzd doit renverser Ahriman ; ou plus simplement : sous le régime de la Liberté, le Bien tend à triompher du Mal, parce qu'elle renferme en elle-même la *vis medicatrix* des maux qu'elle engendre. Pour supprimer le mal dans le monde, il suffisait à Dieu de supprimer notre libre arbitre. Le mal, la souffrance sont les sources de la grandeur et de la dignité humaines; nous devons donc les accepter non-seulement avec résignation, mais avec reconnaissance.

La liberté, — je le répète, car là est à mes yeux la grande preuve de la Bonté divine, — marche sans cesse, accompagnée de la *vis medicatrix* des maux dont elle est la cause; car ces maux mêmes nous ramènent au Bien. Nous pouvons donc dire: « La douleur est l'agent suprême de notre perfectionnement; la destinée de notre espèce est le progrès par la souffrance, jusqu'au moment où nous parvenons, tout en restant libres, à aimer assez le bien pour ne plus succomber aux sollicitations du mal. Il dépend de nous, — individu ou société, — de réaliser ici-bas, en partie, cette magnifique destinée, dont la réalisation complète, en une autre vie, est notre consolation et notre force.

Nous avons la faculté de conformer nos actes aux lois divines; quand nous nous en écartons, le châtiment nous avertit.

Reconnaître les lois de Dieu, les découvrir pour les pratiquer, voilà, en deux mots, la glorieuse mission de l'humanité. Tel est le sens de cette parole profonde, bizarre de prime abord : « Dieu fit l'homme aussi peu que possible. » Dieu a déposé en nous une étincelle de sa liberté, c'est ainsi qu'il faut comprendre le « Dieu fit l'homme à son image » de l'Écriture; c'est parce que nous renfermons en nous cette parcelle de l'essence divine, — la liberté, — que Bossuet a pu dire: « Dieu respecte l'homme ».

La recherche du bonheur absolu, mal comprise, nous conduit au despotisme et au socialisme.

La liberté étant la cause de tous nos maux, il faut la chasser de nos institutions, tel est le raisonnement des socialistes et des autoritaires; les uns et les autres prétendent également nous condamner au *bonheur forcé*.

Aussi le matérialiste est socialiste quand il est jeune, pour devenir autoritaire quand il se fait vieux.

Le socialisme et le despotisme sont également athées : le socialisme nie Dieu ; le despotisme prétend remplacer la Providence.

L'envahissement des doctrines matérialistes peut effrayer, mais ne doit pas surprendre. Nous échappons difficilement aux influences du milieu qui nous entoure.... (1). Quand on vit dans une société régie par la force, dans laquelle le droit

(1) C'est là un des gros arguments contre le libre arbitre; les adversaires du libre arbitre confondent généralement la *délibération* avec la *décision*. Je puis commettre une mauvaise action sous l'*influence du milieu ambiant* ou *par choix* ; dans le premier cas, le crime est social, dans le second, il est personnel. Je *délibère* sous une influence supérieure à ma volonté, — préjugés, mauvaise éducation, idées fausses..., — mais ensuite je fais *acte de volonté*. La distinction entre le crime social et le crime personnel peut être fort délicate, la conclusion pratique à en tirer, c'est l'indulgence pour le prochain.

est méconnu, la justice raillée,— dans une société où les jouissances convoitées sont la récompense du crime, — on est naturellement conduit à ne voir partout que la force. Quand on voit les hommes servir d'instruments à des puissances sans moralité, on est porté à attribuer la direction de l'univers à des forces inconscientes.

Notre siècle positiviste n'admet d'autre critérium de certitude que l'accord de l'expérience et de la raison. Il repousse les *a priori* des théistes, *a priori* dont la conclusion la plus certaine est, en effet, l'imbécillité de la *raison pure.*

Mais si la dialectique pure se montre, en pareille matière, d'une impuissance manifeste, nous n'en avons pas moins d'autres guides très-sûrs, comme je l'ai dit précédemment : la conscience et l'expérience justement chère aux hommes de ce temps.

Malgré toute la difficulté de concilier le libre arbitre avec nos tendances innées, sans être toujours à même de préciser,dans les actes d'*autrui*, la part des forces supérieures à la volonté humaine, j'affirme sentir en moi-même un principe de liberté. Et je conclus : si je suis une personnalité intelligente et libre, si je suis autre chose qu'un agrégat de matière condamnée à se mouvoir d'après les lois fixes de la nature, j'émane d'un être libre et personnel. Donc Dieu existe, et, sans tomber dans l'anthropomorphisme, je puis conclure à un Dieu intelligent, libre et personnel.

De toutes les sciences, la plus délicate et la plus compliquée est la science sociale; aucune ne court autant le risque de s'égarer par des *a priori*. L'expérience, en politique, doit être notre critérium pour juger toute doctrine : « Vous les connaîtrez à leurs fruits. » Les derniers grands républicains de Rome, Caton et Brutus, croyaient à l'immortalité de l'âme ; l'athéisme fut la foi du premier César. Les fruits de l'athéisme chez nous ont été la Commune de 1793 et 1871 ; l'athéisme mène fatalement au césarisme par la voie de l'anarchie. L'expérience nous met sous les yeux deux républiques florissantes : les États-Unis et la Suisse; ce sont deux nations religieuses.

A Rome, les déistes seuls osèrent affronter les colères du césarisme. C'est que dans toute société, la première condition de liberté est la reconnaissance par tous ses membres d'un principe antérieur et supérieur à cette société même :

« Il est digne de remarque que tous les tyrans de Rome furent animés d'une haine commune contre les doctrines philosophiques et morales. Le stoïcisme, alors la plus répandue de toutes, était, aux yeux des premiers Césars, un ennemi de leur pouvoir. Cette doctrine cependant n'avait pas directement trait à la politique. Elle ne préconisait aucune forme de gouvernement, n'enseignait pas la résistance à l'oppression. Elle inspirait simplement le dédain des vanités terrestres, l'estime exclusive du beau et de l'honnête, la résignation, l'empire sur les passions, le mépris de la douleur, la préférence de la mort à l'infamie. Les premiers Césars poursuivaient cette doctrine de la haine instinctive du pouvoir absolu contre tout ce qui tend à élever et fortifier les âmes. »

(SUDRE, *Histoire de la souveraineté.*)

Les grands déistes de l'antiquité ont bravé le césarisme, les chrétiens l'ont vaincu.

« Alors les pharisiens et les scribes lui amenèrent une femme qui avait été surprise en adultère, et l'ayant mise au milieu, ils lui dirent : Maître, cette femme a été surprise sur le fait, commettant l'adultère. Or, Moïse nous a ordonné de lapider ces sortes de personnes, toi, qu'en penses-tu ?..... »

Jésus, dans cette magnifique parabole, se propose avant tout de nous donner une grande leçon d'humilité, de charité et de pardon, cependant par-là il disait encore aux Juifs : Suis-je venu dans ce monde pour veiller à l'exécution de vos anciennes lois, ou pour vous en donner de nouvelles ?..... Est-ce que votre société politique et civile me regarde ?..... C'est l'affaire d'Hérode et de Ponce Pilate. Si Moïse vous a délivrés de l'esclavage de l'Égypte, moi, j'ai reçu de mon Père une mission plus haute ; je viens délivrer vos âmes. Mon domaine, à moi, c'est le monde des consciences.

« Alors les pharisiens s'étant retirés, se consultèrent pour le surprendre dans ses discours. Et ils lui envoyèrent de leurs disciples avec des hérodiens qui lui dirent : Maître, nous savons que tu es sincère, et que tu enseignes la voie de Dieu selon la vérité, sans avoir égard à quoi que ce soit, car tu ne regardes pas l'apparence des hommes. Dis-nous ce qui te semble de ceci : Est-il permis de payer le tribut à César ou non? Mais Jésus connaissant leur malice leur dit : Hypocrites, pourquoi me tentez-vous? Montrez-moi la monnaie dont on paye le tribut. Et ils lui présentèrent un denier. Et il leur dit : De qui est cette image et cette inscription? Ils lui dirent : De César. Alors il leur dit : Rendez donc à César ce qui est à César, et à Dieu ce qui est à Dieu.....

« ..... Pilate rentra donc dans le prétoire, et ayant fait venir Jésus, lui dit : Êtes-vous le roi des Juifs?..... Jésus répondit : Mon royaume n'est pas de ce monde. Si mon royaume était de ce monde, mes gens combattraient pour moi. »

C'est-à-dire mon royaume est le royaume de

l'esprit dans lequel il n'y a ni soldats, ni juges, ni douaniers, ni gendarmes.

L'œuvre de Jésus fut de créer, au nom de Dieu et sous son patronage, une société distincte de la société politique, une société spirituelle indépendante du pouvoir temporel, soumise extérieurement à ce pouvoir temporel, quelle qu'en fût la forme, sous la réserve pour celui-ci de ne porter atteinte à la conscience ni à la foi des sociétaires.

On peut le dire sans crainte d'erreur : aucune révolution n'approchera en importance de cette révolution morale. L'émancipation de la conscience du joug de l'État, la déclaration de la supériorité de la société morale sur la société politique et civile resteront le fait dominant de l'histoire de notre espèce.

Jésus nous a donné la plus haute formule de liberté et de solidarité en créant une société de membres volontaires, qui en acceptent de leur propre consentement la discipline, et dans laquelle chaque contractant signe lui-même le pacte fondamental.

Si telle ne fût point la réalité de l'Église, telle fut, du moins, la pensée de son fondateur.

Si l'Église se fût maintenue dans la voie tracée par le Christ, jamais nous ne l'eussions vue s'abaisser au rôle d'instrument de l'État pour en obtenir l'imposition par le fer et par le feu des pratiques les plus étrangères à la foi primitive.

Elle n'eût point pris pour devise : *Omnia serviliter pro dominatione.* Elle ne nous eût point donné le monstrueux spectacle de l'alliance de l'autorité morale avec un pouvoir criminel. L'Église, en montant sur le trône avec Constantin, retomba dans le paganisme qui est l'adoration de la force. Nous voulons la séparation de l'Église et de l'État pour permettre à la société de rentrer dans la voie chrétienne.

Le caractère de la société politique est de contraindre par la force à l'exécution de la loi ; le caractère de la société religieuse est d'obtenir l'observance volontaire de ses commandements.

Les philosophes grecs eurent le pressentiment de cette société purement spirituelle. Socrate professe le même dédain pour les institutions démocratiques d'Athènes que Jésus pour la tyrannie des Hérodes ou du procurateur romain ; il fuit la tribune et l'agora. Tous deux obéissent d'ailleurs religieusement aux lois de leurs patries respectives. Jésus paye l'impôt ; Socrate monte la garde. Les pouvoirs terrestres, à leurs yeux, ne valent pas la peine d'être discutés.

Socrate nous a donné un mémorable exemple de soumission aux pouvoirs établis. Il est condamné à mort :

« Pendant la prison de Socrate, ses amis, plus empressés pour sa vie que lui-même, avaient gagné le geôlier ; tout était disposé pour le faire sortir, et Criton va dans la prison, avant le jour, pour lui donner cette bonne nouvelle, et pour le porter à profiter d'un temps si précieux. »

Le grand philosophe refuse de se soustraire à l'arrêt de la République :

« Si la patrie veut que vous soyez battu ou chargé de chaînes; si elle veut que vous alliez à la guerre pour y verser tout votre sang, il faut le faire sans balancer..... A l'armée, comme dans les prisons, il faut obéir aux ordres de votre patrie. »

Jamais pareils scrupules n'atteindront un athée; à coup sûr, les membres de la Commune n'en ont point été touchés.

Vous devez à la société politique votre bien, votre vie; la conscience est à Dieu. Aucun pouvoir n'a le droit de vous commander une injustice.

« Lors de l'oligarchie, dit Socrate dans son plaidoyer devant les juges, les Trente me mandèrent, moi cinquième, au Tholos, pour nous ordonner d'amener de Salamine Léon, de cette île, qu'ils voulaient mettre à mort; alors, je montrai par des actions, non par des paroles, que la mort n'était rien pour moi, et que j'attachais, au contraire, le plus grand prix à ne rien faire d'injuste ni d'impie. Leur autorité, quelque terrible qu'elle fût, ne m'effraya point assez pour me faire commettre une injustice; et lorsque nous fûmes sortis du Prytanée, les quatre autres allèrent chercher Léon et l'emmenèrent de Salamine, moi, je rentrai chez moi... »

Dans ce même plaidoyer, Socrate s'exprime encore ainsi :

« Si, en m'acquittant, vous me teniez ce langage : Socrate, pour le moment, nous ne croyons pas Anytus; mais nous te renvoyons absous, à condition que tu renonceras à tes recherches et à la philosophie, et si tu t'y livres encore et que tu sois découvert, tu mourras; je vous dirais : Athéniens, je vous aime et je vous honore, mais je dois obéir aux dieux plutôt qu'à vous... »

Il n'y a de société libre possible qu'entre des hommes libres. Or, qu'est-ce qu'un homme libre? — C'est, dit Télémaque, l'homme libre encore dans la prison et dans les fers; celui qui craint les dieux, et qui ne craint que les dieux. Si jamais nos descendants portent dans leur cœur cette forte maxime, la France, eût-elle été réduite par quelque nouvel empereur, ne tarderait pas à reconquérir son territoire et son prestige.

Je ne suis pas « ni ange ni bête, » je suis à la fois ange et bête. Ma nature est double; ma destinée est de développer l'ange aux dépens de la bête. Dans cette lutte de ma nature morale contre ma nature bestiale, pour appuyer ma faiblesse, pour soutenir mon énergie, j'ai besoin des secours d'une puissance supérieure, — d'où l'absolue nécessité de la prière.

Celui-là seul a des *droits* qui remplit son *devoir.*

Or, si nous sommes le plus souvent conviés à l'accomplissement du devoir par son propre attrait, par ses pures et complètes jouissances, souvent aussi il réclame de nous d'austères sacrifices. Vouloir fonder une république avec des hommes révoltés contre le devoir, c'est la plus sotte des utopies. La république commande la vertu, comme le césarisme commande la bassesse.

La première condition de liberté est EN NOUS; une nation est libre, surtout par la dignité de ses membres. Toujours la pression extérieure, — l'action du pouvoir, — sera en raison inverse du frein intérieur.

Pythagore, Socrate, Platon, toutes les grandes âmes de l'antiquité aspirèrent à fonder une société spirituelle, distincte de la société politique. Les tentatives de ces sages avortèrent; Jésus réalisa leurs rêves. Les philosophes parlèrent à l'intelligence; Jésus, à la conscience et au cœur. Les philosophes s'adressèrent aux hommes distingués. Jésus, au peuple. Le dieu de la métaphysique nous laisse froids : c'est une abstraction; nous pouvons aimer le Père.

Le dieu d'Aristote est une intelligence sans amour; le Dieu des chrétiens aime et veut être aimé. Ramener au Père céleste l'enfant prodigue, réconcilier l'homme avec Dieu, ce fut toute la Bonne Nouvelle.

Par l'éducation dans un milieu plus pur, plus favorable, nous devons nous proposer de prémunir de plus en plus l'homme contre ses instincts de convoitise; jamais nous n'étoufferons toute lutte en son cœur. Quelles que soient ses futures améliorations, la société politique n'en restera pas moins toujours plus ou moins basée sur la contrainte. Le *Contrat social* ne sera jamais une vérité absolue; il deviendra de jour en jour plus juste; il ne cessera pas d'être imposé. Or, les lois politiques et les lois religieuses, si différentes par leur essence et leurs moyens d'action, ont pour fin dernière l'accomplissement du décalogue. Donc, plus la puissance religieuse sera considérable, plus la puissance politique pourra être amoindrie; plus nous remplirons nos devoirs par conscience, moins nous aurons besoin de police.

C'est-à-dire, plus nous serons religieux, et plus nous serons libres.

La conclusion de l'athéisme allemand, en cela profond et logique, c'est la substitution de l'État Dieu; il faut rendre cette justice à Feuerbach,

— le plagiaire de Hobbes, — il ne trompe pas son monde; après nous avoir délivrés de Dieu, il nous livre à l'État. Mais ne remplacer Dieu par rien, comme le veut l'athéisme français, cela est impossible. Quand on refuse d'obéir à Dieu, on se soumet à l'homme.

Détendre l'action religieuse conduit à tendre l'action politique. L'athéisme engendre le despotisme; il faut le répéter à satiété. Les athées sont les plus grands ennemis de la République; Robespierre ne s'y est pas trompé.

Comme Phidias nous a légué le type éternel de la beauté physique, et Newton les lois éternelles des mondes, Moïse nous a donné la formule éternelle des devoirs humains par le décalogue; de même Jésus a déposé dans l'Évangile l'éternelle expression de l'amour divin : aussi, dans les siècles des siècles, l'humanité vivra de lui et par lui; il sera l'éternel aliment de l'âme.

« Comme la branche de la vigne ne peut d'elle-même porter du fruit, si elle ne demeure attachée au cep, de même, vous ne pouvez en porter, si vous ne demeurez en moi. »

Ou la République sera fondée sur l'inébranlable rocher du Calvaire, ou elle croulera, et la France abjecte, sous le fouet de quelque Bonaparte, donnera au monde le triste mais instructif spectacle d'un peuple sans Dieu.

O patrie! que j'aimais en te méprisant, alors que, dans ton orgueil, tu t'appelais la *grande nation,* la miséricorde du Père est infinie; cherche le pardon dans le repentir et la prière, tu y trouveras la vraie grandeur et la liberté.

V

Démocratie et Liberté.

A l'origine des sociétés nous trouvons le fétichisme, l'anthropophagie, l'esclavage. La monogamie a remplacé la promiscuité; l'esclavage a disparu; le fétichisme a fait place au christianisme; le respect religieux de la vie humaine succède à l'anthropophagie.

Le Progrès est le triomphe lent, mais continu, de la raison sur les suggestions de l'instinct. La refonte de la création à notre usage est notre but physique; le perfectionnement de nous-mêmes, notre fin morale; nous tendons à nous éloigner indéfiniment de notre état primordial.

Si donc nous devons prendre la nature fondamentale de notre être pour base de toute politique, nous ne pouvons, soûs peine d'erreur, négliger l'élément variable du progrès, et considérer comme éternelles les formes d'une société embryonnaire. L'humanité vint au monde ignorante comme l'enfant; nous sourions des naïves conceptions religieuses et scientifiques de notre premier âge, et nous n'en persistons pas moins à considérer ses vues sociales les plus rudimentaires comme de profondes vérités.

La société n'est point le résultat d'un raisonnement, car elle remonte à une époque où l'homme raisonnait à peine; chez lui, comme dans un grand nombre d'espèces animales, elle naît du seul instinct. Notre raison, c'est là notre privilége, nous permet de modifier les opérations de cet instinct aveugle. Dans les animaux sociables, nous trouvons peut-être une vague lueur des sentiments de hiérarchie, de discipline, de dévouement, de justice; mais à notre espèce seule il est donné d'en conquérir la pleine compréhension.

Qu'est-ce que la Justice?

La Justice est la reconnaissance en autrui d'une personnalité égale à la nôtre.

Dans une société basée sur la justice, la personnalité de l'un équivaut à la personnalité de l'autre, parce que les inégalités sociales s'effacent devant le titre de membre de la communauté.

De la reconnaissance en autrui d'une personnalité égale à la nôtre dérivent nos droits et nos devoirs. Le code de nos droits et de nos devoirs constitue le contrat social obligatoire pour tous aux risques et périls de la vie.

La société vit et se meut sous l'action de forces régies par de grandes lois primordiales et absolues; notre bonheur et notre dignité consistent à nous y soumettre, quand notre intelligence nous les a dévoilées.

La Toute-Puissance créatrice gouverne le monde moral, comme le monde physique, par des lois immuables, éternelles; en tant qu'êtres libres, nous pouvons nous soustraire à ces lois d'ordre et d'harmonie, mais pour tomber fatalement dans le désordre accompagné de tous ses maux.

Les grandes lois sociales n'émanent donc d'aucune autorité humaine; ce sont elles qui font autorité.

Il n'y a qu'un seul système social, comme il n'y a qu'un seul système astronomique; système social aussi indépendant de toute idée d'invention ou de convention que les lois de Képler et de Newton:

Lors donc qu'une soi-disant autorité prétend faire régner l'ordre, en vertu de son propre principe, elle usurpe les fonctions divines.

La vieille politique fonde la nécessité de l'autorité sur la divergence des intérêts. Mais n'y a-t-il point lieu de se demander si ce n'est point elle qui engendre et perpétue cette divergence anormale? Pour maintenir l'ordre dans ce conflit des intérêts divergents, l'autorité prend le parti héroïque de leur interdire la discussion, et tranche leurs différends sans appel du haut de son infaillibilité. Tous les partis se jugent seuls dignes de remplir ce rôle éminent de conciliateur des intérêts; aussi tous montent à l'assaut du pouvoir avec rage: et voilà comment l'autorité, dont le but est l'ordre, devient une cause permanente de désordre.

L'absolutisme, création de l'instinct, naît de notre ignorance des lois sociales, comme le fétichisme de l'ignorance des lois naturelles; produit de notre instinct, il est destiné à disparaître, car le progrès consiste surtout dans l'épanouissement de la raison au détriment de l'instinct. De même que notre imagination crée des théories hypothétiques sur la constitution des mondes, tant que notre intelligence n'en a pas déterminé les lois, cette même imagination invente des formes sociales fantaisistes, jusqu'au moment où notre intelligence découvre la forme d'une organisation nécessaire. Le principe d'autorité en politique, c'est le système de Ptolémée en astronomie. L'absolutisme tient une place d'autant plus grande dans les institutions des peuples qu'ils sont moins éclairés. Transporter l'autorité, des mains du roi aux mains d'une assemblée, est une solution transitoire, pendant de la théorie des tourbillons de Descartes en astronomie. Pour maintenir l'ordre dans le ciel, il fallait tout un système compliqué d'axes, de pivots, de sphères de cristal... Encore la Providence devait-elle incessamment surveiller cette frêle machine. Qu'est-ce qui remplace aujourd'hui tous ces axes, pivots, sphères?... Une pauvre petite loi.

A la vieille question politique: Quelle forme donner à l'autorité chargée de tenir la balance des intérêts ?

La science moderne substitue cette question nouvelle : Existe-t-il des lois divines, — par suite immuables et éternelles, — conciliant tous les intérêts ? ou en d'autres termes : Le conflit des intérêts dépend-il de la nature des choses ou de notre ignorance des lois sociales ?

L'économie politique répond : Oui, il existe de grandes lois : — division du travail, concurrence... — qui régissent le travail; elles se résolvent toutes en une formule unique : Liberté, comme toutes les lois célestes se résument en un mot : Gravitation. L'Ordre et la Liberté sont identiques : le désordre naît de nos préjugés.

Voltaire, dans son Dictionnaire philosophique, nous dit, au mot *Patrie,* que la prospérité d'un peuple est en raison directe de la misère de ses voisins. Montaigne avait écrit : Le dommage de l'un est le profit de l'autre. Ces prétendus axiomes passaient jadis pour de profondes vérités. Nos neveux croiront à peine que de grands philosophes ont pu croire un instant à l'opposition des intérèts des peuples. Le principe contraire deviendra banal : Comme la richesse d'un citoyen est un élément de richesse pour ses concitoyens, la prospérité d'un peuple est une source de prospérité pour les autres peuples. Il sera aussi bête de parler de l'antagonisme des peuples que de l'antagonisme du travail et du capital. Mais alors le règne de la volonté humaine aura fait place au règne de la volonté divine manifestée par ses harmonieuses lois.

Quelle est la tendance moderne à travers toutes les vicissitudes dues aux dernières convulsions de la royauté? — La substitution de l'industrie à la conquête, du travail à la guerre, du marché au champ de bataille.

Si la guerre nécessite l'absolutisme, l'absolutisme engendre la guerre. Ces deux fléaux sont l'un à l'autre principe et fin. Tous les maux s'enchainent comme toutes les réformes. L'autorité, dont les formes opposées sont la royauté et la souveraineté du nombre, voilà la grande idole à brûler.

Toute société ne s'organise pour la guerre que par la dictature.

Toute dictature pour s'imposer ou s'éterniser entraine les peuples à la guerre.

Toute société organisée pour la paix a la liberté pour base.

Toute société fondée sur la liberté réclame la paix.

La vieille antipathie mutuelle de l'industrie et du militarisme provient de la conscience qu'ils ont de représenter en tout des principes opposés.

Les anciens estimaient la perfection d'un gouvernement d'après sa durée. Cette opinion, pour être acceptable, doit se renfermer entre des limites assez restreintes. Les Chinois ont aujourd'hui le gouvernement de Yu ; les Égyptiens jouissaient d'une civilisation avancée à l'époque où les Grecs mangeaient des glands; ils se sont momifiés dans leur antique théocratie. Les convulsions, hélas! semblent être notre lot. Notre voie est trop souvent une route ensanglantée ; le char triomphal du progrès, comme l'idole indienne, s'avance en broyant des victimes... tout serait cependant si facile avec un peu de droiture et de bon sens!

Quand la communauté a élu ses représentants, elle devient leur sujette. Quelle responsabilité plus illusoire que celle d'un député devant ses commettants! Si le représentant se montre trop infidèle, il ne sera peut-être pas réélu ; en attendant il est souverain... même despote. Une responsabilité sérieuse demanderait une perpétuelle révocabilité du mandat; or, cette perpétuelle révocabilité, n'en déplaise aux partisans du mandat contractuel, pratiquement impossible, aboutirait au chaos.

Et puis, s'il faut toujours élire, quand le peuple travaillera-t-il? — Malheureusement nous ne pouvons pas vivre de discussions politiques. Aussi, le travail étant un besoin impérieux et primordial, quand le peuple a élu ses mandataires, tant pis pour lui s'ils trahissent leur mandat. L'histoire nous donne de nombreux et terribles exemples de despotismes d'assemblées issues de l'élection populaire.

La suppression de la délégation, ou le *gouvernement direct*, rêve d'ultra-démocrates, loin de remédier au mal, l'envenimerait encore. Quand le vote universel n'aboutit pas à la dictature, le peuple est son plus cruel tyran. Rien de moins libéral que les gouvernements directs des petites républiques grecques. Le peuple se gouvernait, se jugeait, se condamnait du matin au soir; l'exercice de sa liberté politique se résumait en un perpétuel viol de la liberté individuelle.

Et tout cela vient uniquement de ce préjugé : la prétendue nécessité d'un pouvoir pour régler des différends imaginaires. Sans doute, une autorité puissante nous est imposée par le conflit d'intérêts ennemis ; mais ce conflit n'existe qu'en vertu de notre ignorance ou de nos passions, qui ont créé des intérêts artificiels basés sur l'injustice.

De l'état social résulte un antagonisme *nécessaire mais unique :* l'antagonisme du producteur et du consommateur. Or, excepté les parasites vivant des préjugés absolutistes, chacun de nous est tour à tour producteur et consommateur. L'échange mutuel des services résume tous les faits sociaux. Pour régler le différend véritable, le différend du producteur et du consommateur, faut-il recourir au principe d'autorité?

La science, qui n'est que l'expérience raisonnée, a tranché la question. *Pour régler l'éternel mais unique débat qui divise les hommes, il faut laisser pleine et entière liberté aux parties.*

De l'antagonisme économique naît l'harmonie sociale. Dans cette sphère, comme dans le monde des corps, l'équilibre ne peut exister que par l'action de deux forces égales et opposées.

Dans le système solaire, l'ordre se maintient par la vitesse initiale qui tend à disséminer les corps dans l'espace, et la gravitation qui tend à les confondre en une seule masse; la vie physique résulte de l'excrétion et de la nutrition, elle se compose de deux mouvements opposés: l'un du centre à la périphérie, l'autre de la périphérie au centre. De même la vie sociale résulte de la production qui *individualise* les hommes et de la consommation qui les *solidarise.*

Jadis l'autorité, destinée à une prétendue conciliation d'intérêts, s'étayait sur le droit divin; aujourd'hui elle se fonde sur le principe non moins faux de la souveraineté du nombre. Aussi voit-on crouler tout à coup des gouvernements appuyés sur des majorités imposantes; c'est que, bien au-dessus de la souveraineté populaire, planent les lois éternelles, expression de la di vine sagesse. Tel est le sens de la sublime pensée de Bossuet : « L'homme s'agite, Dieu le mène. »

La Révolution fera fausse route tant qu'elle prétendra remettre l'autorité entre les mains du peuple : son but n'est pas de transférer les pouvoirs du monarque à la masse, mais de les abolir. Le principe utopique de la souveraineté populaire fomentera toujours la guerre civile. Le peuple, pas plus que le roi, n'a qualité pour trancher le grand débat économique, c'est affaire à la liberté.

La réforme a délivré le penseur de l'absolutisme spirituel en proclamant la liberté de conscience ; la science moderne délivre le travailleur en proclamant la liberté du travail et de l'échange.

Que prétendrait encore régler une autorité incompétente en matière de conscience et de travail?

Autorité implique sujet, ce qui rend absurde le système démagogique du gouvernement direct. Si le peuple est le gouvernement, où seront les gouvernés ?

Si l'autorité a pour but le maintien, par la force, de la paix entre des intérêts opposés, n'est-il pas contradictoire de remettre la force aux mains de ces intérêts en conflit?

Les choses se passaient à peu près ainsi dans

les républiques grecques, aussi vivaient-elles dans un désordre permanent. Autre inconvénient: les citoyens, toujours occupés des affaires de l'État, n'avaient plus le temps de penser aux leurs.

La paresse, érigée en vertu, florissait sous le nom d'amour du bien public.

« Chez les Grecs, tout ce que le peuple avait à faire, il le faisait par lui-même ; il était sans cesse assemblé sur la place, il habitait un climat doux, il n'était point avide, des esclaves faisaient tous ses travaux; sa grande affaire était sa liberté.

« Vos durs climats vous donnent des besoins; six mois de l'année la place publique n'est pas tenable ; vos langues sourdes ne peuvent se faire entendre en plein air, et vous craignez bien moins l'esclavage que la misère.

« Vous voyez bien que vous n'êtes point libres. Quoi ! la liberté ne se maintiendrait qu'à l'aide de la servitude? — *Peut-être.*

« Tout ce qui n'est point dans la nature a ses inconvénients, et la société civile plus que tout le reste. Il y a des positions malheureuses où l'on ne peut conserver sa liberté qu'aux dépens d'autrui, et où le citoyen ne peut être parfaitement libre que l'esclave ne soit parfaitement esclave.

Pour vous, peuples, vous l'êtes, vous payez leur liberté de la vôtre... Vous vous vantez de cette préférence, j'y trouve plus de lâcheté que d'humanité. »

(ROUSSEAU.)

« La nature ne fait ni cordonniers ni forgerons; de pareilles occupations dégradent ceux qui les exercent, vils mercenaires, misérables sans nom qui sont exclus par état même des droits politiques. »

(PLATON.)

La nature, en effet, ne crée ni cordonniers ni forgerons, elle ne fait que des brutes.

« Les arts manuels sont infâmes et indignes d'un citoyen, la plupart déforment le corps. Ils obligent de s'asseoir à l'ombre, auprès du feu, ne laissent de temps ni pour la République, ni pour les amis. »

(XÉNOPHON.)

« Est-il une si grande différence entre l'esclave et la bête? Leurs services se ressemblent: c'est par le corps qu'ils sont utiles. Concluons de ces principes que la nature crée des hommes pour la liberté, d'autres pour l'esclavage, et qu'il est juste que l'esclave obéisse. »

(ARISTOTE.)

Ces citations condamnent assez le gouvernement direct : Pas de travail, ou pas de gouvernement du peuple par le peuple.

Chez les anciens, la vie politique primait la vie de famille. Chez les modernes, si ce n'est dans de terribles crises, l'homme passe avant le citoyen. L'humanité s'organise aujourd'hui en vue de la famille et non de la cité. Les utopistes de l'antiquité placent dans quelque coin retiré leurs villes modèles privées de tout rapport avec les autres peuples. Lycurgue interdit le commerce, Platon chasse les étrangers. Tous ces législateurs ont la prétention de régler en tout la vie de chaque membre de la communauté. Notre but, à l'inverse, est le développement de l'individualité.

Puisque l'autorité doit maintenir l'ordre dans la société, son essence doit être supérieure à l'humanité et émaner de Dieu même. Telle est la théorie fort logique du droit divin :

« Voilà ce qui força de tout temps les Pères des nations de recourir à l'intervention du ciel, d'honorer les dieux de leur propre sagesse, afin que les peuples, soumis aux lois de l'État comme à ceux de la nature, et reconnaissant le même pouvoir dans la formation de l'homme et de la Cité, obéissent avec liberté et portassent docilement le joug de la félicité publique. »

(ROUSSEAU.)

La spontanéité populaire l'a toujours compris ainsi. Dans l'ancienne Grèce la royauté héroïque descendait des dieux; Solon, Lycurgue soumettent leurs lois à l'oracle de Delphes; Moïse n'est que l'organe de Jéhovah; Saül est sacré Christ par Samuel; dans l'Inde, l'Arabie, les législateurs sont prophètes. Suivant Joseph de Maistre, une famille n'est point royale parce qu'elle règne; elle règne parce qu'elle est royale. *Omnis potestas a Deo,* dit saint Paul.

On arrive fatalement à cette conséquence, quand on part du principe faux d'une direction nécessaire de la société par un principe extérieur.

Ce principe faux de la nécessité d'une direction externe se reflète dans notre langage : on dit également gouverner un peuple ou un navire. Le navire ou le peuple, c'est l'objet inerte ; le pilote ou le gouvernement, c'est l'intelligence qui conduit. Quelle que soit la forme du gouvernement, monarchie ou république, si l'on ne sort point de cet ordre d'idées, on reste dans la vieille donnée homérique des rois-bergers, Poïmenas laon, Kosmetoras laon.

Or la société est un être vivant par lui-même et pour lui-même ; et, la concevoir autrement, suivant l'expression d'un éminent penseur, « c'est vouloir donner un moteur à l'éternel mobile ».

On ne peut espérer ni stabilité ni sécurité dans une société qui ne reconnaît point de principes antérieurs et supérieurs à la souveraineté populaire. Les peuples, comme les individus, ont un pied dans le crime, quand ils ne reconnaissent point de règles supérieures à la volonté. Aussi la liberté n'a-t-elle pas de plus dangereux ennemis que ces démagogues qui affectent d'identifier le juste et le vrai avec la volonté du peuple.

Dans une communauté fondée sur la justice, l'ordre résulte du libre jeu des forces sociales. Mais, pour établir le règne des lois économiques, il faut froisser nombre d'intérêts qui se croient légitimes parce qu'ils ont reçu la consécration du temps. La résistance de ces intérêts, nos passions égoïstes nous conduisent aux violences des révolutions. La Révolution, tel est le mandat du gouvernement de majorité numérique; ses défauts mêmes en font un puissant moyen de nivellement, c'est par excellence l'instrument sans pitié propre à broyer les différentes castes dans l'unité de la nation. La société française, pétrie par le despotisme de la majorité numérique, n'a plus qu'à modifier les institutions contraires à cette conclusion de la science : *Les grandes lois de l'économie politique constituent par elles-mêmes une merveilleuse harmonie; la cause unique du mal se trouve dans la violation de ces lois.*

Le progrès, lutte grandiose de l'homme contre la nature, de l'intelligence contre la matière, nous soumet de plus en plus les forces de cette rebelle; ces forces énergiques, et toujours gratuites, jettent une masse de plus en plus considérable de richesses dans le *fonds commun.*

Devant cette accumulation de richesses communes, peu à peu s'effacent les inégalités particulières. La loi divine, — loi qu'en tant qu'êtres libres nous pouvons enfreindre, et que nous enfreignons sans cesse pour notre malheur,— la loi divine, la loi supérieure, sous le régime de la liberté absolue, est donc une tendance indéfinie vers l'égalité. Les choquantes inégalités sociales puisent leur source dans les priviléges, les monopoles, la protection, la guerre, en un mot, dans tous les fléaux issus du principe d'autorité. La tendance indéfinie de l'intérêt du capital vers la baisse, — tendance contrecarrée par nos seules folies, — est la forme apparente de cette grande loi.

Supposons une paix continue depuis le traité d'Amiens, — paix brisée par le premier Consul, dans le seul intérêt de son despotisme : car, toujours, nous retrouvons la guerre comme conséquence du principe d'autorité, — s'imagine-t-on les milliards accumulés en France depuis cette époque ?.... A quel taux la concurrence de cette masse énorme de capitaux eût-elle fait descendre l'intérêt ?.... Il ne viendrait à l'idée de personne de parler du droit au travail, car on verrait les capitaux s'arracher à tout prix les travailleurs, et non plus les bras se disputer le travail.

L'égalité reste d'ailleurs soumise à la loi primordiale de Responsabilité, seul moyen de discipline destiné à remplacer le principe déchu d'Autorité.

L'intérêt personnel, ce grand ressort de l'activité sociale, se trouve ainsi justifié par l'harmonie des lois économiques : *Tout homme ne pouvant, sous un régime de liberté absolue de travail et d'échange, travailler à sa propre fortune sans agrandir le fonds commun de richesse sociale,* ce qui constitue la vraie solidarité.

Suivant Rousseau, l'homme ne jouit d'une liberté complète qu'à l'état de nature. D'après cette thèse, chacun trouve dans son semblable un obstacle à sa liberté. Adam fut le seul homme idéalement libre. Montaigne avait soutenu le même paradoxe. Pour ces penseurs, la perfection c'est la bestialité! Montaigne essayera de prouver que la peau humaine peut supporter la température extérieure; il cite à l'appui l'exemple des Gaulois et des Irlandais demi-nus sous un ciel froid : « des dames qui ainsi, molles et délicates qu'elles sont, s'en vont tantôt entr'ouvertes jusqu'au nombril ». La raison de l'homme malade est-elle celle de l'homme bien portant? Toutes les perceptions de nos sens sont erronées. Ne parlons donc pas de la raison : « N'est-ce pas sottise de se laisser piper à un tel guide? » La parole n'est pas un attribut de l'homme; les animaux s'appellent, leur chant varie avec la contrée, comme notre langage. Nous ne différons pas sensiblement de la brute; notre plus grand tort a été de vouloir nous élever au-dessus d'elle.

Rousseau fait consister la vertu dans le dénûment; à l'état de nature, l'homme marchait nu et dormait à la belle étoile. C'est l'exagération de ce principe très-vrai : il n'y a ni liberté, ni dignité possibles pour les peuples affolés par l'amour des jouissances. Aucune constitution, ni système social, ne peuvent nous dispenser d'austères devoirs.

L'économie politique comprend la liberté à l'inverse de Rousseau.

Nous disons souvent de l'homme : il est esclave de ses appétits, esclave de la matière, de l'ignorance, de la superstition..... Quand un génie novateur découvre un procédé puissant, une vérité utile, nous disons qu'il nous a délivrés d'un obstacle, émancipés d'un joug. L'homme isolé peut à peine, — s'il le peut, — soutenir sa chétive existence; il n'a pas de langage, partant point d'idées; est-il libre, pour avoir perdu le caractère distinctif de l'humanité?.... Deux hommes vivent séparés, la force de chaque individu est un; ils s'associent, leurs forces réunies deviennent quatre; un troisième membre se joint à cette société embryonnaire, la force commune devient neuf; l'association stimule l'intelligence de la petite communauté, éveille successivement les idées de Droit, Devoir, Justice. Ces associés ont-ils perdu leur liberté primitive, ou l'ont-ils, au contraire, portée à la deuxième puissance?

« J'appelle Liberté, ce pouvoir que l'homme acquiert d'user de ses forces plus librement, à mesure qu'il s'affranchit des obstacles qui en gênaient originairement l'exercice. Je dis qu'il est d'autant plus *libre* qu'il est plus *délivré* des causes qui l'empêchaient de s'en servir, qu'il a plus éloigné de lui ces causes; qu'il a plus agrandi et désobstrué la sphère de son action..... Ainsi, le langage articulé est un meilleur instrument que le langage par signe; on est donc plus libre d'exprimer sa pensée, et de l'imprimer dans l'esprit d'autrui, par la parole que par les gestes. La parole écrite est un instrument plus puissant que la parole articulée; on est donc plus libre d'agir sur l'esprit de ses semblables, lorsqu'on sait figurer la parole aux yeux, que lorsqu'on sait l'articuler seulement. La presse est un instrument deux ou trois cents fois plus puissant que la plume : on est deux ou trois cents fois plus libre d'entrer en relation avec les autres hommes, lorsqu'on peut répandre ses idées par l'impression, que lorsqu'on ne peut les publier que par l'écriture. »

(DUNOYER, *Liberté du travail.*)

L'homme, esprit et matière, peut être esclave au point de vue physique, intellectuel ou moral; il se délivre du joug de la matière par le travail, de l'ignorance par l'étude, de la bestialité par la religion. Pour cette grande œuvre, il déploie une énorme quantité de forces; ces forces, qu'il ne saurait trouver en sa propre personne, il les trouve dans l'association. La liberté est Puissance; la puissance est dans l'Association. L'autorité est-elle le lien réel de l'association? — Non. — C'est l'échange mutuel et volontaire des services. Nous sommes donc d'autant plus puissants, et par suite plus libres, que nous sommes plus d'associés et plus intimement associés; où que l'échange mutuel des services rencontre moins d'entraves dans un cercle d'un plus grand rayon : conclusion diamétralement opposée à celle de Rousseau.

D'après cela, la liberté de l'homme, considérée dans ses rapports avec le monde extérieur, est progressive comme l'homme lui-même et tout ce qui le concerne; car les moyens de vaincre la nature croissent, avec le temps, dans une rapide progression. Ainsi, l'association est le moyen d'affranchissement de l'humanité, association basée sur le principe antique : Ne faites point à autrui ce que vous ne voulez point qui vous soit fait. Ce qui implique pour chacun le droit de développer ses facultés, sous la seule condition de n'exercer contre ses associés aucune pression ou dommage; c'est-à-dire la défense formelle, à toute personne ou prétendue autorité supérieure quelconque, d'intervenir dans le contrat qu'il juge à propos de signer avec ses semblables, pour la disposition de son travail. Le gouvernement n'a aucune qualité pour faire acte d'autorité en pareille matière ; son rôle, de simple police, consiste à assurer, d'une part, la liberté des contrats; de l'autre, à assurer leur exécution, quand ils ont été librement débattus entre les parties contractantes.

« Au lieu de considérer la liberté comme un dogme, je la présenterai comme un résultat; au lieu d'en faire l'attribut de l'homme, j'en ferai l'attribut de la civilisation; au lieu d'imaginer des formes de gouvernement propres à l'établir, j'exposerai de mon mieux comment elle naît de tous nos progrès. »

(DUNOYER, *Liberté du travail.*)

Plus on remonte la série des âges, plus le travail se présente sous une forme repoussante. L'homme ne possède point d'instruments, il ignore les méthodes de faire concourir gratuitement la nature à son labeur. Le plus mince résultat entraîne une dépense considérable de force musculaire ; la peine n'est point payée par la satisfaction. Aussi les efforts se bornent-ils à l'assouvissement des premiers besoins ; la tendance à sortir de cet état de bestialité et de misère est nulle. Cependant un instinct supérieur pousse notre espèce dans la voie du progrès. L'homme sort de ce cercle vicieux par un crime : une ligue se conclut entre les forts, pour contraindre les faibles au travail. Grâce à cet épouvantable stratagème, l'humanité sort de ses langes. Voici le résultat: l'esclave commence par délivrer son maître du joug de la matière, mais en lui soumettant la nature, il prépare son propre affranchissement. Quand un fait se produit dans l'histoire avec le caractère d'universalité de l'esclavage, on peut en affirmer, non la légitimité, mais l'utilité temporaire. Cette institution fut, au berceau de la civilisation, le grand instrument de progrès. La servitude engendrait la guerre, la guerre nécessite l'autorité. Servitude, guerre et gouvernement despotique, ces trois faits se tiennent par des chaînes de fer. Maintenant, nous avons des esclaves aussi énergiques que soumis, les forces gratuites de la nature. L'esclavage et l'autorité qui en découle sont des faits anténomaux.

Entre l'absolutisme, — notre point de départ, — et la liberté,— notre fin,— il existe un abîme. Notre intelligence ne saurait d'un seul bond franchir ce gouffre; il faut jeter un pont pour le traverser; ce pont est la souveraineté du peuple, principe faux si on le considère comme absolu, au lieu d'y voir une hypothèse transitoire pour arriver au *self-government.*

La démocratie est le gouvernement du peuple par le peuple. C'est la souveraineté du nombre.

La liberté est le gouvernement de l'homme par lui-même. C'est la souveraineté individuelle.

VI

Centralisation.

L'absolutisme a pour principaux caractères le cumul des pouvoirs et la centralisation.

La constitution des États-Unis, pays par excellence de *self-government*, repose, d'une part, sur une décentralisation complète, de l'autre sur une division extrêmement tranchée des trois pouvoirs : Législatif, — Exécutif, — Judiciaire.

La première garantie du citoyen est l'indépendance absolue du pouvoir judiciaire. La justice doit constituer un domaine à part, radicalement séparé de tout pouvoir politique ou administratif.

Les réformateurs de la société française ont poursuivi l'*Unité* par la centralisation ; l'unité était le but, la centralisation, le moyen; le but atteint, — pour ne pas dire dépassé, — pourquoi conserver le moyen?... La centralisation eut le jacobinisme pour berçeau, et Napoléon Ier pour parrain; cela seul devrait suffire à sa condamnation. Il y a contradiction formelle entre cette organisation absolutiste et la démocratie libérale. La République, c'est l'indépendance communale et départementale; c'est la vie dans toutes les parties et non le mouvement par une impulsion d'en haut.

En général, le despotisme d'un seul préside aux grandes manifestations extérieures d'un peuple, comme la démagogie à ses transformations intérieures. La République décentralisée, telle est la forme d'une société avancée à son état normal. Sous ce régime, aux conditions d'une liberté commerciale absolue et d'un impôt unique sur le capital, tous les intérêts se confondent.

Les républicains français, — ou plutôt gréco-romains, — n'ont jamais étudié à fond les conditions d'existence de la République dans la société moderne.

Dans l'antiquité, les publicistes considéraient le gouvernement républicain comme seulement applicable à une population restreinte, renfermée dans un territoire fort resserré. Ils avaient raison. Basée sur les idées gréco-romaines dont nous sommes malheureusement imbus, la République ne saurait dépasser les bornes étroites d'une cité.

Si le gouvernement prétend régler, dans les plus minutieux détails, la vie, les mœurs, l'enseignement et l'éducation des membres de la communauté; s'il reste en un mot dans la vieille théorie absolutiste, il reprendra fatalement la forme monarchique. L'étendue de l'Empire français est incompatible avec le régime de la souveraineté numérique. Le gouvernement de la petite république d'Athènes, — qui d'ailleurs reposait sur l'esclavage, — ne saurait convenir à une grande nation. La République romaine a régi le vieux monde, il est vrai ; mais Rome seule jouissait des droits politiques. Quand le Latium voulut y prétendre, la République s'effondra pour faire place au césarisme.

On peut diviser les Républiques en deux catégories :

1° Celles qui comprennent une cité.

2° Celles qui s'étendent sur un vaste territoire.

Athènes, Rome, Venise appartiennent au premier genre ; leur exemple, sans application pour la France, nous offre un intérêt secondaire.

Dans la deuxième catégorie, nous rangerons les républiques de l'Amérique du Sud, dont la guerre civile semble l'état normal. Tel est le lot fatal de toutes les républiques basées sur la souveraineté numérique et dont la centralisation est la forme nécessaire.

Deux seules nations ont su trouver prospérité, stabilité, liberté, sous le régime républicain : la Suisse et les États-Unis.

Toutes deux sont des républiques fédérales.

Un terrible orage a éclaté naguère sur les États-Unis; l'esclavage et le protectionnisme ont été la cause de ces malheurs passagers. Tout ce que l'on en peut conclure, c'est l'impuissance du meilleur gouvernement à maintenir les préjugés et les iniquités d'une autre époque. L'Union a subi la peine méritée par le crime de l'esclavage: si les individus voient parfois, — rarement, — leur châtiment ajourné à une autre vie, les peuples reçoivent toujours la punition rigoureuse de leurs lâchetés et leurs méfaits. Le système protecteur exige toujours le sacrifice de certaines localités à d'autres localités, d'intérêts naturels à des intérêts artificiels. Le libre-échange est le premier corollaire de la République; tous les tiraillements des États-Unis proviennent de leur persistance à méconnaître cette vérité.

L'Angleterre maintient sans efforts, sous le même sceptre, quarante-cinq colonies. Elle crut jadis resserrer ses liens avec l'Amérique du Nord, par une aggravation de l'action centralisatrice; la scission de treize colonies fut le résultat de cette politique.

Par quel moyen relie-t-elle les fragments de son immense empire en un seul tout? — Par la liberté.

Voyez le Canada, fondé par des Français, oujours sympathique à la mère-patrie, si longtemps hostile à ses conquérants, combien il lui serait facile aujourd'hui de déclarer son autonomie! Quand les partisans de la séparation élèvent la voix, on leur ferme la bouche par ces mots : « Serez-vous plus libres? Les avantages d'une autonomie complète compenseront-ils les avantages de protection que vous trouvez à l'abri d'un drapeau respecté?... » Autant en dit l'Australie, autant le Cap.....

Trop d'intérêts lient les membres d'une nation puissante, pour qu'ils songent à faire société à part, quand ils jouissent d'une liberté d'action suffisante.

L'empire britannique se dissoudrait en trois jours, s'il prenait fantaisie aux gouvernants de substituer l'unité par le pouvoir à l'union par la liberté.

Quelle est la raison de l'incomparable solidité du gouvernement fédéral des États-Unis?— L'indépendance des États.

Les philosophes du dix-huitième siècle, exaspérés par les persécutions des dernières années du règne de Louis XIV, battirent en brèche l'intolérance religieuse ; la Révolution française trouva dans le clergé son plus redoutable adversaire ; révolutionnaires et libres-penseurs s'unirent pour signaler le moyen âge, apogée du catholicisme, comme la période exécrable de l'histoire de l'humanité. Vers 1830, l'école romantique se prit, au contraire, pour les temps féodaux d'un amour aussi peu justifié que la haine des réformateurs de 89. Cet engouement provint d'une découverte très-réelle : la féodalité avait abrité plus de libertés qu'on ne pense; ces libertés avaient produit leurs fruits ordinaires : beaucoup d'originalité, d'énergiques personnalités, un grand développement de caractères.

La pensée intime du moyen âge, — nous la devons aux barbares, — fut le *contrat.* Le contrat est l'antithèse de la sujétion de l'individu à l'État, essence même du despotisme antique; dans la donnée antique, l'État est tout, l'homme rien.

L'idée de l'État proprement dite, — exhumée plus tard de l'arsenal du byzantinisme par les légistes, — fut étrangère à la féodalité. La royauté se présente alors comme le point de ralliement d'une foule de sociétés indépendantes; ces sociétés contractaient certaines obligations envers la royauté, qui leur garantissait en retour la protection de leurs libertés particulières. Autour de ce pouvoir central, se groupaient l'Église, les communautés laïques et religieuses, des associations, corporations, villes libres, seigneuries, communes....., innombrables organes sociaux vivant dans une indépendance absolue de leur vie propre, réunis autour du roi chargé de la surveillance et de l'exécution de ces contrats divers. Or, il est permis de se demander aujourd'hui si le progrès véritable était bien le renversement de toutes ces indépendances par la royauté, ou leur lente transformation sous l'influence de principes égalitaires.

La royauté, étouffant toutes les libertés féodales par ses usurpations successives, constitue le despotisme de Louis XIV, c'est-à-dire le bas-empire, la centralisation byzantine. Malgré tous ses défauts, la féodalité l'emporte sur le byzantinisme, atmosphère mortelle pour la grandeur d'âme et la noblesse de cœur. Les rois français ont dévoyé la société féodale, dont le développement logique aboutit à la république fédérale de la Suisse et des États-Unis; grâce à eux, la société fut absorbée par l'État. Chez les nations ainsi constituées, quand l'État se détraque, la société tombe en poussière.

A ses débuts, la révolution de 89 fut à la fois politique et sociale. La nation voulait l'égalité, aspirait à la liberté. Les révolutionnaires sacrifièrent à la révolution sociale et à la défense du territoire la liberté politique, qui vint sombrer dans le despotisme impérial. Nous obtînmes, pour résultat de nos gigantesques efforts, l'intégrité du sol et le code civil. En revenant à la tradition monarchique et byzantine, le jacobinisme simplifia singulièrement le labeur du jour. Les Girondins voulaient la liberté; les Jacobins ne crurent pouvoir mener de front une aussi grosse affaire avec le nivellement des classes et la lutte contre la coalition. La liberté fut immolée. Peut-être était-il difficile d'agir autrement; nous n'en devons pas moins déplorer l'avortement de la révolution politique. Au lieu de détendre la centralisation monarchique, comme l'exigeait la fondation de la république, ils la renforcèrent, et rendirent ainsi la république impossible.

La centralisation a pour forme nécessaire la royauté. La république vit de libertés locales. Elle est fédérale, comme le proclamait la Gironde, comme l'a répété avec une haute raison la Commune de Paris, au milieu de ses épouvantables égarements. Seulement, la Commune de Paris entendait par fédération l'oppression et l'exploitation du pays par la canaille de quatre ou cinq grandes villes fédérées.

Comme l'a dit Renan avec trop de vérité, la Révolution française semble s'être donné pour but l'établissement d'une société modèle de célibataires enfants-trouvés. La passion du nivellement entraîna nos pères à méconnaître les plus nobles instincts de notre nature. L'État a dévoré l'homme. Aussi, malgré les héroïques sacrifices de nos aïeux, la Déclaration des Droits est restée lettre morte. La Révolution a fait fausse route; en supprimant, entre l'État et le citoyen, la province, intermédiaire nécessaire à la protection de l'individualité, elle a constitué la France sur le type de la fourmilière. A quoi servait de proclamer la République, si, en supprimant le monarque, on conservait le vieux mécanisme byzantin?

Les royalistes, comprenant fort bien que la centralisation est l'essence même de la monarchie, la défendirent énergiquement sous la Restauration, le Gouvernement de Juillet et l'Empire. Les républicains, fidèles à la tradition jacobine, continuèrent à se poser en apôtres de l'omnipotence de l'État. Louis Blanc et les socialistes de son école, héritiers de Gracchus Babœuf, se firent les champions exagérés de cette théorie funeste, et découvrirent, par delà des limites de l'absurde, des horizons inconnus. Royalistes et montagnards, d'un commun accord, étranglèrent la liberté.

En 1848, on persévéra dans les vieux préjugés; on se garda bien de toucher à l'arche sainte du despotisme. Les républicains d'alors, comme ceux d'aujourd'hui, prétendaient maintenir l'Assemblée sous la pression de Paris, qui disposerait à sa guise de la France centralisée. Toujours même manie bête : fonder la liberté par le despotisme.

Malheureusement, — ou heureusement plutôt, — il est une chose supérieure au suffrage universel, à toute volonté nationale, aux pouvoirs les plus vénérés..., c'est la logique. Vouloir une république centralisée, c'est demander un carré rond.

On accoucha d'une république monarchique dans tous ses éléments; cela ne pouvait durer : ou la République s'établirait en décentralisant, ou elle périrait. Les passions royalistes précipitèrent la catastrophe en portant Napoléon III à la présidence.

La bande bonapartiste comprit bien vite quelles facilités offrait la centralisation pour un coup d'État. Avec les préfets-pachas, on paralyserait aisément la province. Le tout était de corrompre l'armée, de terrifier la capitale. Ces aventuriers connaissaient notre culte pour la force, notre respect pour le fait accompli.

Au gouvernement qui fusille et proscrit, les gens d'ordre reconnaîtraient un pouvoir selon leur cœur.

Supposons qu'à cette époque funeste le siége du gouvernement se fût trouvé à Orléans ; qu'autour de ce foyer la constitution eût groupé des administrations départementales indépendantes... Bonaparte emprisonnait la représentation nationale, fusillait de paisibles promeneurs... Après?... Paris, Lyon, Marseille, toutes les grandes villes, toutes les provinces soulevées à la fois marchaient sur Orléans, étouffaient le crime à sa naissance, saisissaient et jugeaient le traître.

Les insurgés du 18 mars, dans leur coup d'État si analogue à celui du 2 décembre, partirent de cette idée trop vraie : Qui tient Paris dispose de la France. Leur calcul se fût trouvé juste si l'Assemblée eût siégé près du pont de la Concorde. Les Prussiens continuaient leur conquête, et la guerre civile, aidée de l'invasion étrangère, mettait à feu et à sang tout l'empire.

A cette heure terrible, l'attitude du pays mérite toute notre attention. Quelle différence entre notre torpeur et le magnifique élan des provinces aux journées de juin 1848. On donne pour excuse l'antipathie des villes pour l'Assemblée. L'excuse, sans être bonne, repose sur un fait évident. L'obstination de la Chambre à s'opposer aux vœux les plus manifestes du pays a sans doute été pour beaucoup dans notre coupable indifférence. Mais on ne doit pas hésiter non plus à attribuer notre déplorable conduite à l'avachissement produit par la centralisation impériale, centralisation que les chemins de fer et la télégraphie électrique portèrent à un degré jadis impossible. Ces deux puissants moyens de communication permirent d'étouffer toute vie locale et d'atteindre l'idéal du byzantinisme.

Sous Louis-Philippe, on n'avait pu arriver à un résultat aussi complet. Un reste d'activité locale animait le pays ; aussi, en juin, la nation entière s'ébranla au cri de détresse d'une Assemblée sympathique.

La télégraphie électrique épargna à la France la peine de penser ; le pays devint un immense instrument dont les touches se trouvaient sous la main de l'empereur, qui lui fit jouer tous les airs à sa fantaisie. Quand la main de l'impérial musicien s'éloigna, l'instrument resta muet.

Après le 4 septembre, on put voir à quels résultats on arrive quand on a brisé ce ressort des âmes, l'initiative individuelle. L'invasion étrangère trouva devant elle une foule hébétée; le patriotisme, le sentiment de l'indépendance nationale dormaient d'un sommeil de mort. Ainsi l'on vit jadis la Gaule paralysée devant l'invasion germaine; la centralisation romaine avait fait de ses belliqueux enfants, ce que la centralisation de Bonaparte a fait des fils des guerriers de Jemmapes et de Fleurus.

C'est que la liberté est l'homme tout entier. Aristote refusait une âme aux esclaves. Mépriser ce présent de Dieu est la plus grande impiété dont ~~nous~~ puissions nous rendre coupables. Et comme le Maître de toutes choses a disposé ce monde de manière à punir d'un prompte châtiment les folies des peuples, quand nous commettons ce sacrilége: sacrifier à une fausse tranquillité l'essence même de notre être, la destruction et la pourriture suivent de près ce suicide moral.

On put voir alors combien l'*unité* diffère de l'*union*.

Comme cette unité se brise au moment même où l'union nous était si nécessaire!

Lyon arbore le drapeau rouge, s'érige en commune, sans plus se soucier des Prussiens que du grand schah de Perse. Marseille en fait autant, puis Toulouse... Il se forme des ligues du Sud-

Est, du Sud-Ouest. Quand nous devions concentrer toutes nos forces contre l'envahisseur, on rêve de réformes politiques et sociales ; on n'oublie que la Patrie.

La nation française atteignit sous l'empire l'apogée de l'absurde. Le gouvernement faisait tout sans contrôle ; le peuple se bornait à payer. En dédommagement de la liberté qui rend les citoyens fiers et forts, l'empire nous accorda la licence qui fait les hommes plats et lâches. On ne put attaquer même de loin le personnel ou les vices de l'État ; mais il fut permis de se jouer de toute morale, de toute chose sainte. Le pouvoir encouragea les pièces indécentes, les journaux orduriers, les dessins obscènes, la littérature corruptrice.

Sur les bas-reliefs de l'Arc-de-Triomphe nous lisons la sanglante légende de Napoléon Ier ; toute l'histoire du second empire se résumerait dans le groupe de Carpeaux, si l'on mettait en premier plan quelques cadavres.

Et voilà comment nous sommes devenus le plus frivole et le plus méprisé des peuples.

Pourquoi dans les États libres ne trouve-t-on point ces feuilles cyniques qui salissent les expositions de nos libraires et marchands de dessins ? — Par une raison bien simple : nous disposons généralement pour nos loisirs d'un temps fort limité. Tandis que le membre actif de la commune, du département, de l'État, ne résiste pas au désir de connaître à fond les affaires publiques, le citoyen dépourvu d'initiative demande à son journal un délassement, des cancans et des calembours. Sous un régime de liberté, les feuilles publiques détournent des lectures démoralisantes, et l'écrivain n'a pas à chercher l'intérêt dans le scandale.

La monarchie de Juillet nous avait donné le veau d'or à encenser ; l'empire nous agenouilla devant la Vénus impudique ; l'immoralité devint le plus ferme soutien du trône. La vieille formule césarienne n'accorde pas seulement au peuple *panem et circenses,* mais encore *lupanaria et balnea.* Nous arrivâmes ainsi à cette corruption peinte avec une si franche énergie par Louis Veuillot dans les « *Odeurs de Paris.* »

La cour donnait l'exemple : les grandes dames s'arrachaient à des prix insensés des loges d'avant-scène pour lancer aux acteurs des bouquets avec des billets doux.

Aussi, quand sonna l'heure du danger, la France ne trouva-t-elle pas un homme !

Quelle ineptie au milieu de l'indifférence générale ! La plupart virent dans l'invasion une occasion splendide de porter des galons, des bottes molles et des costumes d'opér acomique. Pas un capitaine, pas un organisateur, pas un inventeur... La flamme du génie français sembla partout éteinte. En tout l'initiative nous manqua. On aura peine à croire à cette pauvreté d'invention en un siècle fécond comme le nôtre. Les Américains se moquaient de nous en parlant de la Seine ; ils ne pouvaient comprendre comment un peuple marin a pu laisser couper de ses communications une capitale assise sur un cours d'eau important. Le problème présentait des difficultés sérieuses ; mais dans la guerre de sécession, l'initiative individuelle sut accomplir bien d'autres miracles. Si Paris se fût trouvé en Amérique, à la première menace du siége, des milliers de constructeurs se fussent mis à l'œuvre ; on eût vu la Seine se couvrir de bateaux excentriques : mille absurdes, cinq cents médiocres, cent excellents et la navigation eût été assurée. Rien n'a mieux prouvé l'incurable routine des corps constitués, leur incapacité de produire pour des besoins urgents.

L'accaparement de l'État avait abêti les esprits ; la centralisation avait détrempé les plus fiers caractères. Tel d'une bravoure reconnue, d'une audace admirée, était devenu avec le temps un *excellent serviteur*, un *serviteur zélé ;* c'est-à-dire un rouage de machine ; et, quand le 4 septembre la machine craqua, le rouage ne se trouva plus bon à rien.

Une société bien organisée doit satisfaire à la fois nos besoins opposés de solidarité et de personnalité. La nature présente à nos observations des sociétés animales de formes variées, depuis la fourmilière où la communauté absorbe l'individu, jusqu'aux puissants animaux momentanément accouplés. Dans l'homme, véritable microcosme, si ses tendances les plus élevées le portent à s'unir à ses semblables pour l'action d'une grande œuvre commune, leur contact lui pèse. Plus la forme sociale satisfait à la fois nos goûts de rapprochement et de vie publique et notre passion pour la distinction, l'isolement, plus elle est en harmonie avec notre constitution intellectuelle et morale.

La sympathie et l'intérêt groupent les hommes en nations ; nous nous sentons mieux protégés si nous appartenons à une nation nombreuse et puissante ; nous nous sentons plus forts pour vaincre les obstacles naturels, plus à même de remplir notre mission de travail et de progrès en tous sens. La conquête est donc une déviation de l'un de nos meilleurs instincts, un moyen déplorable de constituer ces vastes associations qui seules nous permettent de développer nos facultés distinctives.

En revanche, moins une société est nombreuse, plus il est facile à ses membres d'y faire ressortir leur personnalité. Telle est la raison de notre tendance à diviser tout groupe en sous-groupes. La conformation du terrain, les affinités de race et de langage, les événements historiques président à ces divisions. Tantôt le besoin d'individualisation pousse les empires à se briser en fragments jaloux de leur autonomie; tantôt le besoin de solidarité conduit des États séparés à se former en un seul corps de nation. L'histoire consiste le plus souvent à nous retracer le tableau de ces convulsions de l'humanité obéissant tour à tour à ces propensions contraires.

Pour protéger l'individu contre les tendances fatalement absorbantes de l'État, il est nécessaire d'établir entre eux comme intermédiaires des groupes jouissant d'une semi-indépendance. Ces groupes, par leurs prérogatives et le nombre de leurs membres, doivent élever un rempart sérieux entre le citoyen et le pouvoir central.

Paris a commis une énorme bévue quand il a cru soulever la France avec le mot de *révolution communale*. Dans son effroyable égoïsme, la capitale a perdu de vue que 36,000 communes se partagent 36 millions d'habitants ; ce qui donne une moyenne de 1,000 habitants, chiffre un peu différent des deux millions d'âmes de la grande ville.

Or, si le mouvement communal a un but, c'est celui de protéger l'individu contre l'oppression de l'État.

La commune constitue-t-elle un groupe assez puissant pour lutter contre le pouvoir central ? — Il serait dérisoire de mettre le gouvernement de la France aux prises avec l'administration d'un mauvais village.

Comme les individus se groupent en communes pour la protection de leur indépendance personnelle, les communes doivent se fédérer en provinces ou en départements pour la défense des libertés locales. Si nous considérons les États-Unis, dont nous ne devons jamais perdre de vue l'exemple, nous y trouvons une hiérarchie dans la liberté, comme en France une hiérarchie dans le despotisme. Au-dessous du pouvoir fédéral, les gouvernements des États administrent à l'intérieur avec une souveraine indépendance; leur autonomie seule protége les libertés locales. Si l'on touchait à cette autonomie des États, ce magnifique édifice de *self-government* s'écroulerait aussitôt.

Entre la commune et l'État, il faut un intermédiaire. La véritable unité politique n'est pas la commune, c'est le département. Le mot d'ordre de la révolution n'est pas *commune* mais *Liberté départementale*.

En République, le pouvoir central doit se renfermer exclusivement dans les attributions suivantes :

1° Défense nationale.

2° Relations extérieures.

3° Unité de code.

4° Exécution des travaux d'utilité vraiment nationale, dans la plus stricte acception du mot. Et comme tout changement dans les idées entraîne une modification dans le vocabulaire, au titre de ministère des travaux publics, je voudrais voir substituer celui de *ministère des travaux d'utilité nationale.*

Les conseils généraux doivent devenir les colonnes du temple de la République.

Pour arriver à une liberté départementale sérieuse, nous devons débuter dans la voie des réformes par la suppression des ministères des cultes et de l'instruction publique.

La dignité de la religion demande impérieusement sa délivrance du joug humiliant de l'État. Le culte gagnera en considération et même en richesse, cultivé dans le champ honorable et fécond de l'association volontaire.

L'instruction se bifurque naturellement en deux branches distinctes :

1° Instruction supérieure.
2° Instruction élémentaire.

L'instruction supérieure appartient au domaine de l'initiative individuelle ; elle n'a droit à aucune subvention, aucune protection de l'État.

La direction des études élémentaires doit être la première et la plus importante attribution des conseils généraux; la rédaction de leur programme, — nécessairement variable avec le progrès, — doit être confiée aux soins de l'administration départementale. L'uniformité c'est la mort. Il faut comparer, tâtonner, se tromper même pour arriver au bien. Jamais le fonctionnarisme n'opérera ces prodiges que l'on verrait surgir de l'émulation des conseils généraux. Jamais les plus beaux lieux communs débités à la tribune de l'Assemblée nationale n'ouvriront les bourses comme la féconde rivalité des départements. Nous méconnaissons entièrement la puissance de ces forces sociales : l'expérience, l'émulation.

La liberté départementale me semble destinée à donner la solution d'une des plus grosses questions du moment, le suffrage universel. Tout le monde l'attaque, et tout le monde le regarde avec raison comme la seule base possible de la société politique.

Le suffrage universel, — le seul d'une justice absolue, et c'est déjà bien quelque chose, — serait excellent en pratique, si on ne lui demandait pas ce qu'il ne peut donner.

Pour comprendre la solidarité nationale, il faut une culture intellectuelle supérieure à celle du campagnard ; l'ouvrier, moralement inférieur, a l'instinct de ces liens qui unissent les peuples et rapprochent plus étroitement les citoyens d'une même contrée. Les relations commerciales lointaines dont il est témoin, son développement dans un milieu plus compacte et plus intelligent lui font saisir vaguement cette grande loi sociale, — la solidarité, — pour laquelle ses flatteurs le passionnent en la dénaturant. Le paysan se laisse absorber par la responsabilité personnelle; l'ouvrier, par la solidarité. Tous deux portent un jugement également faux, car ils se contentent de regarder chacun l'une des faces opposées du grand édifice social; tous deux méconnaissent également l'une des forces destinée à équilibrer l'autre dans le plan divin.

Le vrai domaine du suffrage universel, c'ést l'administration locale.

Que les intérêts de la commune et du département deviennent des intérêts de premier ordre, on verra le suffrage universel se mouvoir dans ce cercle avec une supériorité réelle. La sagacité de l'ouvrier, le bon sens du campagnard saisiront admirablement toutes les questions renfermées dans ce champ borné.

La solution du suffrage universel est dans la décentralisation.

Il faut rapprocher le pouvoir des électeurs.

Le peuple nomme une *Assemblée souveraine* qui dispose de lui à son gré. Si le peuple veut être vraiment souverain, il doit lui-même expédier ses affaires.

On l'oublie trop : le droit de suffrage n'est pas la liberté.

La liberté n'est pas le droit de choisir son despote.

Nous ne pouvons sortir de la funeste erreur de J.-J. Rousseau qui confondit la liberté avec le droit de suffrage ; parce que, suivant le préjugé grec et romain, il avait identifié la société avec l'État. Nous ne pourrons rien fonder de stable avant de nous être purgés de ces fatales erreurs.

Être libre le plus possible, c'est déléguer le moins possible de pouvoir.

Le droit de suffrage est le contrôle des pouvoirs que les nécessités sociales nous obligent de déléguer.

La Révolution consiste à arracher au pouvoir central toutes les attributions qui peuvent être exercées par les localités ou les associations volontaires.

L'Assemblée est trop loin du peuple.

Placée sur un point culminant, elle surveille l'horizon politique, étudie les intérêts d'ensemble. Pour la satisfaction de ses besoins immédiats, le peuple doit avoir des délégués agissant sous ses yeux.

Moins il y a délégation, plus il y a liberté.

Plus la délégation est directe, plus elle se renferme dans un cercle restreint, plus le contrôle est effectif.

Plus il y a centralisation, plus le contrôle est illusoire ; plus la volonté populaire s'évapore en passant par l'interminable série de canaux des fonctionnaires et des agents du pouvoir central.

Plus l'Assemblée nationale entassera d'attributions, plus elle accumulera de mécontentements. — Plus elle reversera d'autorité aux départements et aux communes, plus elle se maintiendra dans des hauteurs sereines au-dessus des foudres des révolutions.

Le département devient la grande unité politique ; le conseil général, le pivôt de la République ; le contrôle est sérieux, la souveraineté du peuple n'est plus un mot.

Avec la centralisation, la société est une pyramide en équilibre sur son sommet; avec la décentralisation, c'est une pyramide posée sur sa base.

TABLE

—

FIN DE LA TABLE.

LIBRAIRIE FRANKLIN

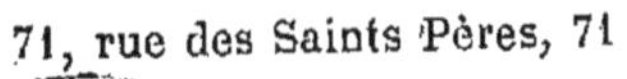

71, rue des Saints-Pères, 71

HENRY BELLAIRE, ÉDITEUR

RUE
DES SAINTS-PÈRES
71
PARIS

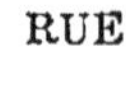

RUE
DES SAINTS-PÈRES
71
PARIS

BIBLIOTHÈQUE FRANKLIN

CETTE COLLECTION SE COMPOSE

DE VOLUMES A 25 cent. FORMAT IN-18, DE 150 A 200 PAGES

traitant

D'HISTOIRE, DE LITTÉRATURE, DE VOYAGES,
DE SCIENCES,
D'ÉCONOMIE POLITIQUE, DOMESTIQUE ET SOCIALE,
D'HYGIÈNE, ETC., ETC.

La science du bonhomme Richard, par Benjamin Franklin, suivie d'extraits de ses œuvres et de sa correspondance avec de nombreuses notes et précédée de *La Jeunesse de Franklin*, par Edouard Laboulaye.

La religion de la santé, par Mme Elisabeth Blakwell, traduction et préface de Mme Hipp. Meunier.

En Préparation :

CE QU'ON VOIT ET CE QU'ON NE VOIT PAS, par Bastiat.

LA JEUNE MÈRE, par le Dr Brochard.

LE CAPITAL, par Bastiat.

HISTOIRE DU TRAVAIL, par Frédéric Passy.

LE DERNIER PASTEUR DES LANDES, par J. B. Lescarret.

RÉCITS D'UN MARIN, par Paul Brandat. Etc., etc.

Tous ces ouvrages seront soigneusement annotés et précédés de notices.

On peut souscrire à l'avance à la *Bibliothèque Franklin*, et, grâce au nombre considérable de tirage que ce mode de publication permet, une bonification est faite aux souscripteurs.

PUBLICATIONS

DE LA SOCIÉTÉ DES AMIS DE LA PAIX

LA PAIX

DISCOURS PRONONCÉ LE 24 JUIN 1869

PAR LE R. P. HYACINTHE
Carme déchaussé

PRÉCÉDÉ D'UNE LETTRE DU R. P. GRATRY
de l'Oratoire, Membre de l'Académie française

Se trouve dans la deuxième Assemblée générale de la Ligue de la Paix. Un volume in-12. — Prix.................. 1 fr.

La Guerre et la Paix. Conférence faite à l'Ecole de médecine de Paris, le 21 mai 1867, par M. Frédéric PASSY. *Edition populaire*.......................... 15 c.

BIBLIOTHÈQUE DE LA PAIX

Les guerres contemporaines. par M. P. LEROY-BEAULIEU, lauréat de l'Institut. 3e édition......... 50 c.

Comment on pourrait réduire l'armée tout en assurant la défense nationale, par le comte L. de Dreuille. 4e édit.......................... 50 c.

La guerre et les épidémies, d'après les mémoires de la Société médicale de Metz, par M. GUILHAUMON. 3e édition.................................... 50 c.

Guerre à la guerre, par A. LARRIEU, avec une préface de M. Frédéric PASSY. 3e édit................. 50 c.

La guerre s'en va, par M. BEAUDEMOULIN, ingénieur en chef en retraite. 4e édit.................... 50 c.

Les maux de la guerre et les bienfaits de la paix, première réunion publique tenue à Paris le 10 février 1869, par les amis de la Paix. Discours de MM. Ed. LABOULAYE, président, et F. PASSY, suivis d'une conférence faite à Metz, par M. B. FAIVRE sur le *Respect Mutuel*. 3e édition.................................... 50 c.

L'Evangile de la paix, discours prononcé à Paris dans l'église Saint-Roch, le 24 mars 1869, par le R. P. PERRAUD, prêtre de l'Oratoire. 3e édit.................. 50 c.

Première assemblée générale de la ligue de

la paix, tenue le 8 juin 1868, à la salle Herz; discours de MM. Dollfus, F. Passy, A. Visschers, H. Richard, Isidor et Martin Paschoud, avec pièces justificatives et annexes. 1 vol. de 216 pages. 3e édition......... 1 fr.

Deuxième assemblée générale de la ligue de la paix, tenue le 24 juin 1869 à la salle Herz; discours de MM. Michel Chevalier et F. Passy, R. P. Hyacinthe, avec appendice. 1 vol. de xxxv-216 pages. 3e édition. Prix.. 1 fr.

La bataille et la retraite de Leipzig, extrait des souvenirs d'un ex-officier. 2e édition............. 50 c.

Un Meeting à Londres avant la guerre. 17 mai 1870. Rapport et discours de MM. J. W. Pease, R. Henry Richard, Illingworth, Ch. Reed, membres du Parlement, Frédéric Passy, Elihu Burritt, Babou Beschud Sunder Sen, de Calcutta, etc., etc., suivis d'un aperçu de la réunion de la *Société de la Paix universelle*, à New-York; et du *Militarisme*, par le D. Lœwenthal, de Dresde.......... 50 c.

Le respect de la vie, compte rendu d'une séance de la *Fédération des Instituteurs belges*, discours de MM. A. Visschers, Frédéric Passy, Hymans, etc........... 50 c.

Le discours de M. Frédéric Passy a été tiré à part et publié en une belle brochure in-8°, sous le titre de : **La Barbarie moderne,** au prix de................ 60 c.

La Guerre, par Nottelle, commerçant. In-8.... 30 c.

La guerre et les armées permanentes, par M. Patrice Larroque. 1 beau vol. in-8............ 5 c.

Les armées considérées dans leurs rapports avec l'Industrie, la Morale et la Liberté, par L. Pecqueur. 1 beau vol. in-8............... 4 fr.

Le crime de la Guerre, par le pasteur Delmas. 50 c.

Le crime de la Guerre dénoncé à l'humanité. Concours ouvert en 1869 par la *Ligue internationale et permanente de la Paix*. Rapport du Jury, une brochure in-8.. 1 fr.

Revanche et Relèvement, exposé de situation aux adhérents de la Ligue internationale et permanente de la paix, par M. F. Passy, secrétaire général, une broch. in-8. 2e édition.................................... 1 fr.

PETITE BIBLIOTHÈQUE DE LA PAIX

Il paraîtra sous ce titre, à des époques très-rapprochées, une série de publications traitant de questions **d'Actualité, d'Economie politique usuelle, de Paix et de Guerre**, et des extraits d'ouvrages de nos meilleurs écrivains sur les mêmes sujets.

Le prix de ces publications, qui se tiendra dans les limites d'un extrême bon marché, les mettra à la portée de toutes les bourses.

N° 1. — **Ce que coûte la paix armée**, par Frédéric PASSY, avec gravure.......................... 5 c.

N° 2. — **La revanche de Jacques Bonhomme**, par Henry BELLAIRE.............................. 5 c.

N° 3. — **L'anniversaire de Waterloo**, par Jean MACÉ, avec gravure............................. 10 c.

En préparation :

N° 4. — **Le revers de la médaille**, par Edouard LABOULAYE, avec gravure..

Rapport sur l'annexion de l'Alsace et de la Lorraine, par M. SIMON (de Trèves).

La Neutralité, par M. G. MOYNIER, président au comité international de secours aux blessés de Genève.

La Convention de Genève, par *le même*. 1 beau vol. Prix...................................... 2 fr. 50

Note sur la Création d'une Institution judiciaire internationale, par G. MOYNIER, président du Comité international de Secours aux Blessés. Brochure in-8...................................... 50 c.

Bulletin international du Comité de Secours aux Militaires blessés de Genève. Prix de l'abonnement : un an.......................... 6 fr.
Le numéro.................................. 1 fr. 75

LA GUERRE

ÉTUDE PHILOSOPHIQUE

PAR M. H. DUMESNIL

Membre de la Ligue de la Paix

Un beau volume in-8, avec une superbe gravure de LA PAIX, d'après RAPHAEL. — Prix.................. **5** fr. »
Édition populaire, in-12 sans gravure.............. **2** fr. **50**

*

Lettre à l'empereur des Français et au roi de Prusse, par le pasteur Martin PASCHOUD, 18 juillet 1870 .... 5 c.

L'Alsace en deuil, par le pasteur LICHTENBERGER. 60 c.

La Colonne, par Paul BRANDAT et F. PASSY ...... 25 c.

La Guerre considérée au point de vue philosophique social et religieux, par l'abbé GARAUDE. 1 vol. in-8 .... 1 fr.

Almanach de la Paix pour 1872. Texte par Edouard LABOULAYE, Jean MACÉ, Frédéric PASSY, Jacques NORMAND, Mme ACKERMANN, Henry BELLAIRE, etc., etc. Dessins de Bertall, Ratel et Nino. Un joli vol. in-32 jésus. Prix.. 50 c.

Tablettes d'un Mobile (1870-71), par Jacques NORMAND. Un joli volume in-16 sur beau papier, imprimé par Jouaust. Prix .... 2 fr.

OUVRAGES DE M. PAUL BRANDAT

En Mer .... 1 fr.
Récits et Nouvelles .... 1 fr.
Mers de l'Inde .... 2 fr.
République Constitutionnelle .... 2 fr.
Monarchie et République .... 50 c.
République et Gouvernement en Province. Prix .... 75 c.
Commune et République .... 50 c.
Communeux .... 40 c.
Liberté Départementale .... 30 c.
Pouvoir Spirituel et Pouvoir Temporel. 60 c.

Viennent de paraître :

L'Assemblée perpétuelle .... 40 c.
Mers de Chine .... 2 f. 50
La république rurale .... 1 f. 50

Journal d'une infirmière, par Mme la baronne de Crombrugghe. 1 vol. in-18 .... 2 fr.

LA PRÉFECTURE DE POLICE

Son Inutilité, sa Suppression

COMMENT LA REMPLACER

Par PIERRE FARINE, avocat

PRIX.. 1 fr.

CHARLES CLAVEL

Lettres sur l'enseignement des colléges en France. 1 vol. in-8........................ 4 fr.

Œuvres diverses : Éducation, Morale, Politique, Littérature, avec une Notice de 130 pages par M. Frédéric PASSY. 2 vol. in-8.. 10 fr.

CALVO. — **Droit international théorique et pratique**, précédé d'un exposé historique des progrès de la science du droit des gens. 2 vol. gr.-in-8...... 30 fr.

DE BRANTZ DE SALDAPENNA. — **Le traité de Paris du 30 mars 1856**, ses causes et ses effets. 1 vol. gr. in-8.. 10 fr.

GESSNER. — **Le droit des neutres sur mer.** 1 vol. in-8.. 7 fr. 50

HUBER-SALADIN. — **Les petits Etats et la neutralité continentale.** 1 vol. in-12.......... 3 fr.

TETOT, Archiviste du Ministère des Affaires étrangères. **Répertoire des Traités de Paix**, de commerce, d'alliance, etc., conventions et autres actes conclus entre toutes les puissances du globe, principalement depuis la paix de Westphalie jusqu'à nos jours. Table générale des Recueils de DUMONT, WENCK, MARTENS, MURHARD, SAMWER, DE CLERCQ, LEONARD, ANGEBERG, LESUR, HERTSLET, NEUMANN, TESTA, CALVO, ELLIOT, CANTILLO, etc., donnant l'indication du volume ou de la page où se trouve le texte de chaque traité.

EXEMPLE.

1856, mars, 30. *Autriche, France, Grande-Bretagne, Prusse, Russie, Sardaigne, Turquie.* Traité de Paris.

M. SAMWER, II, 770. — *Bulletin des lois*, 1856, n° 381. — LESUR, 1856, app. 7. — *Annuaire des Deux Mondes*, 1855-1856. — 901. NEUMANN, VI, 274. — Savoie, VIII, 380. — DE CLERCQ, VII, 59.

1re partie. Partie chronologique, 1 vol. gr. in-8. 12 fr. 50

2e partie, alphabétique, par ordre de puissances, 1 vol. gr. in-8.................................... 12 fr. 50

En préparation :

La réforme internationale, par Frédéric SEEBOHM, traduit de l'anglais, par D. D. FARJASSE, ancien préfet, membre du conseil général de Seine-et-Oise.

OUVRAGES DE Mme HIPP. MEUNIER

Le Docteur au village, ou entretien sur l'hygiène, par Mme Hipp. MEUNIER. 1 vol........... 1 fr.

Entretien sur la Botanique, par Mme Hipp. MEUNIER, Prix.................................... 1 fr.

Lettres pour tous, par la veuve d'un soldat... 30 c.

La religion de la santé, par Mme E. BLACKWEL, traduction et préface de Mme Hipp. MEUNIER.......... 25 c.

Entretiens sur l'économie domestique à l'usage des écoles de jeunes filles, par un professeur et un inspecteur de l'enseignement. 1 vol. in-12............ .. 1 fr.

OEUVRES DE M. LE Dr BROCHARD

Chevalier de la Légion d'honneur
médecin-directeur de l'Établissement hydrothérapique de Serin,
à Lyon (Vaise).

De la Contagion du Choléra. Couronné par la Société des sciences, des arts et des lettres du Hainaut (médaille d'or). In-8. Mons, 1852.

Des Bains de mer chez les enfants. Couronné par l'Académie de médecine. In-12. Paris, 1864.

De la Mortalité des nourrissons en France. Couronné par l'Institut (Prix de statistique). In-8. Paris, 1866.

De l'Allaitement maternel, au point de vue de la mère, de l'enfant et de la société. Couronné par la *Société protectrice de l'Enfance* et par la *Société nationale d'Encouragement au bien.* Paris, 1868.

Les Nourrissons, les Enfants trouvés et les Animaux. In-12. Lyon, 1841.

De l'Amour maternel. In-8.. .... 25 c.

Sous presse :

La jeune Mère ou l'Allaitement maternel, conseils sur l'éducation des nouveau-nés.

ECONOMIE POLITIQUE

FRÉDÉRIC BASTIAT. — **Œuvres complètes**, mises en ordre et annotées par MM. Paillotet et R. de Fontenay, avec une notice par M. de Fontenay. 6 vol. in-8.. 30 fr.

Ou 6 vol. in-18.................................. 21 fr.

Du même, 7e vol. Fragments. 1 vol. in-18......... 3 fr. 50

Du même, Petits pamphlets, format in-16:

Propriété et loi. — Justice et fraternité. Prix.................................. 40 c.

Protectionisme et Communisme... 35 c.

Capital et rente.................... 40 c.

Paix et liberté...................... 60 c.

Incompatibilités parlementaires (2e édition). Prix.................................. 75 c.

Ce qu'on voit et ce qu'on ne voit pas. 50 c.

L'Etat. — Maudit argent............... 40 c.

Gratuité du crédit.................... 75 c.

Baccalauréat et socialisme......... 60 c.

Spoliation et loi...................... 40 c.

Propriété et spoliation............... 40 c.

La loi.................................. 50 c.

R. DE FONTENAY. — **Du revenu foncier**. 1 vol. in-18.................................. 3 fr. 50

V. MODESTE. — **Du paupérisme en France**. 1 vol. in-8o, couronné par l'Académie des sciences morales et politiques en 1858.......................... 7 fr. 50

J. GARNIER. — **Traité d'économie politique.** 4e édition. 1 fort vol. in-18...................... 4 fr. 50

J. CLAVÉ. — **Principes d'économie politique,** 1 vol. in-16.............................. 1 fr. 40

L'ouvrier économiste, causeries d'économie politique et de morale, par L. d'Armailhac. 1 vol. in-32.... 35 c.

Entretiens au village et dans l'atelier sur l'Economie sociale, par J. B. Lescarret, président de la Société philomatique de Bordeaux.

Ces Entretiens paraissent en fascicules in-18 de 12 pages, e. formeront 2 volumes (30 fascicules).

On souscrit à l'ouvrage entier moyennant 6 francs.

La Livraison : 25 centimes.

Réforme de l'éducation, Introduction de l'Économie politique dans l'enseignement des femmes. Une brochure in-8 .... 75 c.

Communauté et Communisme, une brochure in-32 .... 30 c.

Les machines et le développement de l'humanité, 1 vol. in-18 .... 1 fr.

L'industrie humaine .... 35 c.

La population. — Malthus et sa doctrine. 25 c.

Notice sur Bastiat, sa vie et ses œuvres ..... 50 c.

La barbarie moderne, discours prononcé à Bruxelles, le 27 septembre 1871, à la séance générale de la Fédération des Instituteurs belges, une brochure in-8 .. 60 c.

Les prisons de France, par E. Robin, ancien aumônier des prisons .... 50 c.

Sur la réforme des prisons, par Victor Foucher, 1883, in-8° .... 3 fr.

Abolition de la peine de mort dans le royaume des Pays-Bas: 1° **Projet de loi** suivi de l'exposé des motifs. Tradition française, 1870, in-8 .... 2 fr.

— 2° **Rapports des délibérations** dans les sections de la seconde Chambre suivi d'un mémoire de réponse du Gouvernement, 1870, in-8 .... 1 fr. 50

BULLETINS

DE LA

SOCIÉTÉ DES AMIS DE LA PAIX

(*Chaque Bulletin forme une belle brochure in-8 raisin, de 50 à 60 pages.*)

N° 1. — **Janvier 1872.** — Sommaire : Exposé de Situation aux Membres de la Ligue Internationale et Permanente de la Paix. — Annexe. — Statuts de la Société.... 75 c.

N° 2. — **Février.** — Sommaire : Concours ouvert en 1869 par la Ligue Internationale et Permanente de la Paix sur le Crime de la Guerre dénoncé à l'Humanité. — Rapport du Jury (MM. Ed. Laboulaye, Farjasse et Fréd. Passy). 75 c.

N° 3. — **Avril.** — Sommaire : M. Arlès-Dufour. — Le R. P. Gratry. — M. Simon (de Trèves). — M. Joseph Pease. — Le Traité imposé par la Prusse à la France oblige-t-il moralement la France? — Congrès International de la Civilisation à Paris. — La Ligue Néerlandaise de la Paix.— Arbitrage International: Documents historiques. — Note sur la création d'une Institution Judiciaire Internationale. — Communications de nos Amis: La Revanche. — La Paix universelle. — Correspondance. — Souscriptions. — Bibliographie.................................. 80 c.

Vient de paraître :

Le Catéchisme de la Paix, par Ed. Douay. 50 c.

Sous Presse :

LA RÉFORME DE L'ÉDUCATION

Par M. Saugeon, membre de l'Académie des lettres et des arts de Bordeaux, etc.

L'INSTRUCTION OBLIGATOIRE

AUX ILES SANDWICH

Par ***. — Prix.................................. 20 centimes

Pour paraître du 15 juin au 10 juillet :

ALMANACH

DES BAINS DE MER ET DES VILLES D'EAUX

Saison 1872-73

Un jol volume avec gravures. — Prix : 50 centimes

Pour paraître le 1er août :

ALMANACH

DES JEUNES MÈRES ET DES NOURRICES

Pour 1873

Publié par les soins de la Société protectrice de l'Enfance de Lyon et rédigé par

MM. les Drs Brochard, Radet, Fonteret, Bouchacourt, etc.

Dessins de Lix

Prix.................... 50 c.

ALMANACH DE LA PAIX

Pour 1873

Prix.................................. 50 cent.

Paris. — Typ. Rouge frères et Comp., rue du Four-St-Germ., 43.

On trouve à la même Librairie

OUVRAGES DE M. PAUL BRANDAT

En Mer.	1 »
Récits et Nouvelles	1 »
Mers de l'Inde	2 »

République Constitutionnelle.	2 »
Monarchie et République.	» 50
République et Gouvernement en Province.	» 75
Commune et République	» 50
Communeux.	» 40
Liberté Départementale.	» 30
Pouvoir Spirituel et Pouvoir Temporel. .	» 60

VIENNENT DE PARAITRE :

L'Assemblée perpétuelle	» 40
Mers de Chine	2 50

Paris. — Typ. Rouge frères et Comp., rue du Four-St-Germ., 43.

www.ingramcontent.com/pod-product-compliance
Ingram Content Group UK Ltd.
Pitfield, Milton Keynes, MK11 3LW, UK
UKHW012227240726
13966UKWH00003B/993

9 782012 39912